HEYNE BÜCHER SACHBUCH

Zum Autor

Dr. Martin Schäfer studierte Germanistik und Kunstgeschichte. Er promovierte in Germanistik und arbeitet als Journalist in München. Als Heyne Biographie 12/168 ist von ihm ›Maximilian II., König der Bayern‹ erschienen.

Martin Schäfer

Sissi

Glanz und Tragik einer Kaiserin

Eine Bildbiographie

WILHELM HEYNE VERLAG
MÜNCHEN

HEYNE SACHBUCH
19/430

Dieser Titel erschien bereits in der Reihe
Heyne Biographien unter der Bandnummer 12/207.

7. Auflage
3. Auflage dieser Ausgabe

Printed in Germany 1997
Umschlagillustration: Archiv für Kunst und Geschichte, Berlin
Umschlaggestaltung: Atelier Adolf Bachmann, Reischach
Satz: Kort Satz GmbH, München
Druck und Bindung: RMO, München

ISBN 3-453-09675-4

Inhalt

Herzog Max und seine schönen Töchter

Elisabeth als Baby.
Die Kreidelithographie aus dem Jahr 1837 zeigt Sissi zusammen mit ihrer Mutter Ludowika und ihren Geschwistern Ludwig und Helene.

Nein, es war keine Hochzeit aus Liebe, zu der die herzogliche Familie der Wittelsbacher im Spätherbst des Jahres 1828 nach Tegernsee bat. Weder Bräutigam noch Braut hatten sich etwas zu sagen, sie traten nicht freiwillig vor den Traualtar.

Der gerade zwanzigjährige Herzog Max aus der Wittelsbacher Nebenlinie Birkenfeld-Gelnhausen liebte eigentlich ein bürgerliches Mädchen. Eine Ehe war freilich ausgeschlossen, das verbot das aristokratische Selbstverständnis. Die ebenfalls zwanzigjährige Prinzessin Ludowika hatte ihr Herz an den späteren König von Portugal verloren. Gegen eine Hochzeit sprachen in diesem Fall politische Erwägungen.

Also fügten sich Herzog Max und Prinzessin Ludowika in ihr Schicksal. Man lebte schließlich im Zeitalter des späten Absolutismus, in dem dynastische Rücksichtnahmen mehr galten als privates Glück. Das Haus Wittelsbach war es zufrieden, die strengen Familiengesetze hatten sich wieder einmal durchgesetzt. Die alte Ordnung – so schien es zumindest – war nicht aus den Fugen geraten. Die Geschichte der Ehe zwischen Herzog Max und Prinzessin Ludowika nahm ihren Lauf – und der war alles andere als glücklich.

Max entpuppte sich rasch als individualistischer Sonderling, der keineswegs bereit war, auf höfische Etikette und gesellschaftliche Normen nennenswerte Rücksicht zu nehmen. Da er nicht zum regierenden Zweig der Wittelsbacher gehörte, hielt er es auch für völlig überflüssig, sich nach seiner Hochzeit irgendwelchen Zwängen zu

Sissi zusammen mit ihrem Vater Herzog Max in Bayern bei einer Bootsfahrt auf dem Starnberger See.

unterwerfen. Der vitale Max stellte zwar im Ehebett seinen Mann und zeugte acht Kinder. Aber noch lieber widmete er sich seinen außerehelichen Affären, und davon hatte er sein Leben lang viele. Die Zahl der Kinder, die diesen Abenteuern entstammten, ist unter Historikern umstritten, soll aber beträchtlich gewesen sein.

Max war lebenslustig, intelligent, außergewöhnlich. Seine umfassende Bildung erhielt er nicht beim Unterricht durch streng ausgewählte Privatlehrer, wie es in fürstlichen Häusern damals üblich war, sondern auf der Münchner Universität. Geschichte und Naturwissenschaften – das waren die Fächer, für die sich der junge

Er liebte die Musik,
die Literatur und das fröhliche Leben:
Wegen seiner Leidenschaft für die Zither wurde Sissis Vater
von seinen Zeitgenossen Zither-Max genannt.

Wittelsbacher vor allem interessierte. Die private Bibliothek, die Max bei seinem Tod hinterließ, umfaßte nicht weniger als 27000 Bände.

Maximilian in Bayern, so sein offizieller Titel, hatte einen bedeutenden Schwager. Der Bruder seiner Frau war nämlich Bayerns König Ludwig I. Der war in den zwanziger Jahren des vergangenen Jahrhunderts gerade dabei, seiner Residenzstadt München weltstädtischen Glanz zu geben. Zu den ehrgeizigsten Projekten des Monarchen gehörte der Bau einer Prachtstraße, die in ihrer klassizistischen Architektur den herrischen Stolz des königlichen Auftraggebers widerspiegeln sollte. Für

Münchens Ludwigstraße wurden deshalb dringend Bauherren gesucht. Auch wenn der regierende bayerische König von seinem wilden Schwager sonst nicht allzuviel hielt, als Interessent für ein noch unbebautes Grundstück war ihm Herzog Max selbstverständlich hochwillkommen. Somit war alles klar für den Bau eines opulenten Stadtpalastes, der den Namen Max-Palais erhielt; aus seinen Kriegstrümmern ist die heutige Landeszentralbank entstanden.

Im Max-Palais achtete man wenig auf höfische Etikette. Die überließ man der feineren Verwandtschaft in der Residenz. Hausherr Max liebte fröhliche Feste, ausgelassene Geselligkeit – und er liebte vor allem den Umgang mit Pferden. Deshalb ließ er sich in dem stattlichen Innenhof einen richtigen Zirkus einbauen, mit Manege und Rängen, von denen aus die Münchner Gesellschaft den Herzog beim Dressurreiten bewundern konnte. Bei der Gestaltung seines Zirkusprogramms war Max nie besonders pingelig. Er ließ wilde Gauklertruppen auftreten, die deftige Späße machten, die man sich in München nur hinter vorgehaltener Hand weitererzählte. Rücksicht auf geschmäcklerische Ästheten oder irgendwelche Zensoren wurde nie genommen.

In diesem fröhlichen Palast der prallen Lebensfreude wurde am Heiligen Abend des Jahres 1837 den herzoglichen Eltern eine Tochter geboren, die den Namen Elisabeth Amalie Eugenia erhielt. Das Mädchen war ein echtes Sonntagskind, denn der 24. Dezember fiel im Jahr 1837 auf einen Sonntag. Im Max-Palais, das bald zu einer von

Das Glück der frühen Jahre erlebte Sissi vor allem auf dem Landsitz ihrer Familie: auf Schloß Possenhofen am Starnberger See.

Münchens interessantesten Adressen wurde, schenkte man sich diesen umständlichen Namen. Das Kind wurde einfach Sissi genannt. Daß aus dem noch unscheinbaren Baby einmal eine Figur der Weltgeschichte werden sollte, konnte an diesem Heiligen Abend noch niemand ahnen, am allerwenigsten der muntere Vater, der sich für die politische Zukunft der europäischen Fürstenhäuser ohnehin nicht sonderlich interessierte. Für den bayerischen Herzog war die Zeit der Aristokratie abgelaufen. Er setzte auf eine demokratische Zukunft, gestützt auf eine republikanische Verfassung.

Niemand wird bestreiten, daß die Lebenseinstellung ihres Vaters Sissis Denken in späteren Jahren außerordentlich stark beeinflußt hat. Von ihm übernahm sie nicht nur die Liebe zu den Pferden, von ihm lernte sie nicht nur das Bergsteigen – von ihm erbte sie vor allem ihren Drang nach Freiheit und Unabhängigkeit. Die unbekümmerte Art, gegen jede Art von höfischer Vorschrift aufzumucken, was Sissi während ihrer Wiener Zeit große Probleme einbrachte, wurde von Herzog Max jedenfalls nach Kräften unterstützt und gefördert.

Der Herzog konnte sich beispielsweise nicht im geringsten darüber empören, daß sein ältester Sohn Ludwig seine bürgerliche Geliebte Henriette Mendel heiratete und sich dadurch nach den Hausgesetzen der Wittelsbacher um alle Erbrechte brachte. Der Herzog fand es auch keineswegs absonderlich, daß sein Sohn Theodor entgegen aller fürstlichen Etikette Augenarzt wurde – und seine Patienten kostenlos behandelte, weil er als Angehö-

Die Kaiservilla in Ischl:
Hier verlobte sich Sissi mit dem österreichischen Kaiser Franz Joseph.

riger eines aristokratischen Hauses keine Praxis eröffnen durfte. Eine bürgerliche Lebensweise war im Elternhaus der späteren Kaiserin keineswegs verpönt. Ganz im Gegenteil, sie war erwünscht und wurde von Herzog Max nach Kräften vorgelebt.

Vor allem auf dem Landsitz der Familie, der rund 30 Kilometer von der Residenzstadt entfernt lag und damit vom Hofstaat der regierenden Verwandtschaft noch weniger kontrolliert werden konnte, vermochte Max sein Leben unbekümmert zu realisieren. 1834 kaufte er Schloß Possenhofen am Starnberger See, das er rasch zu einem Treffpunkt unterhaltsamer Gäste machte. Die Regeln eines bäuerlichen Lebens bestimmten hier den Alltag der herzoglichen Familie. Sissi und ihre sieben Geschwister wuchsen zusammen mit den einfachen Nachbarskindern des Dorfes auf, Rücksichten auf ein feudalistisches Reglement gab es nicht. Possenhofen war für Sissi ein Paradies, an das sie als junge Frau in der Wiener Hofburg noch voller Wehmut dachte – denn das Paradies war für sie für immer verloren.

Auf Schloß Possenhofen tagte regelmäßig ›König Artus' Tafelrunde‹, eine Kumpanei von fröhlichen Zechern, die sich höchst unkonventionell mit den liberalen Ideen des 19. Jahrhunderts auseinandersetzte, deftige Kritik an herrschenden Fürstenhäusern übte und vor allem ungebremster bayerischer Lebensfreude frönte.

Eine besondere Schwäche entwickelte Herzog Max für die Volksmusik. Am liebsten begleitete er seine Gesänge auf einer Zither, was ihm den Beinamen ›Zither-Maxe‹ einbrachte. Die Leidenschaft für das alpenländische Zupfinstrument ging sogar so weit, daß es bei ausgedehnten Auslandsreisen zum unverzichtbaren Accessoire gehörte. Am Fuße der Cheops-Pyramide in Ägypten zog er seine Zither aus dem Rucksack und schmetterte bayerische Schnaderhüpfl.

Bewundert wurde von den Zeitgenossen die große Sammlung von Volksliedern, die der Wittelsbacher herausgab. Seinen Namen versteckte Herzog Max hinter den Initialen H. M. Nicht so leicht zu entschlüsseln waren die Pseudonyme, unter denen der bayerische Herzog kritische Schriften verfaßte, die mit den fürstlichen Führungsstrukturen hart ins Gericht gingen, wobei er sich den Scherz erlaubte, Leerzeilen einzubauen. In den Anmerkungen wurden sie als Stellen erklärt, die der Zensur zum Opfer gefallen waren.

Das unbekümmerte, oft bacchantische Leben des Wittelsbachers darf nicht darüber hinwegtäuschen, daß er im Grunde ein hochintelligenter, außerordentlich ernsthafter Mann war, alles andere als ein versoffener Nichtsnutz, ein verbauerter Landadliger. Herzog Max erlaubte sich den für die Aristokraten der damaligen Zeit normalerweise unerreichbaren Luxus der absoluten Unabhängigkeit. Er riskierte es, eine eigenständige Persönlichkeit zu entwickeln. Und er tat dies rücksichtslos, konsequent und bisweilen auch verletzend.

Rücksichtslos, konsequent und bisweilen verletzend – wer das spätere Leben der Kaiserin Elisabeth rückblikkend betrachtet, kommt nicht umhin, auf viele Parallelen zu stoßen. Beide, Vater wie Tochter, reagierten auf viele Herausforderungen ganz ähnlich, beider Drang zur Selbstverwirklichung – und sei es auf Kosten anderer – kannte keine Grenzen. In einem Punkt unterschieden sich Vater und Tochter allerdings grundsätzlich. Während Herzog Max am Ende seines Lebens von sich behaupten konnte, er sei glücklich gewesen, war ein vergleichbares Schicksal Sissi nicht vergönnt. Resignation und Verzweiflung kennzeichneten ihr Ende.

Dieses Schicksal teilte Sissi mit ihrer Mutter Ludowika. Sie, die Tochter des früheren bayerischen Königs Maximilian I., entstammte der politisch wichtigeren Linie des Hauses Wittelsbach, die Monarchen stellte. Ludowika litt in der Ehe mit Herzog Max außerordentlich und schrieb einmal resigniert an eine ihrer Schwestern: »Wenn man verheiratet ist, fühlt man sich so verlassen.« Die häufigen

Frisch und unkompliziert:
Sissi als junges Mädchen in ihrer
bayerischen Heimat.

Seitensprünge ihres Mannes konnte sie nie verwinden, obwohl sie ihn nach eigenem Eingeständnis nie wirklich geliebt hat. Die Erziehung ihrer acht sehr eigenwilligen Kinder empfand die Herzogin vorwiegend als Last, an der sie schwer zu tragen hatte. Eine herzliche Beziehung entwickelte sie weder zu ihren drei Söhnen noch zu ihren fünf Töchtern. Als junge Frau galt sie bei den Angehörigen der europäischen Fürstenhäuser als ausgesprochene Schönheit, doch in späteren Jahren machte sie einen verhärmten Eindruck. Ihre Gesichtszüge waren von den Spuren herber Enttäuschungen geprägt, ihre schöne Gestalt setzte Kummerspeck an.

Ihre Hauptaufgabe sah Ludowika darin, die schönen Töchter standesgemäß zu verheiraten. Das war schon deshalb nicht so einfach, weil der Ruf ihres Mannes an den Fürstenhöfen Europas nicht gerade der allerbeste war. Was sollte man in den Residenzen schon von einem Herzog halten, der sich öffentlich über die aristokratische Ständeordnung lustig machte? Ludowika, die am Hofe des bayerischen Königs Maximilian I. streng erzogen wurde, hatte vor allem eines gelernt: Durchhalten, auch in scheinbar ausweglosen Situationen. Mit einer Unverdrossenheit ohnegleichen spann Ludowika ihre Fäden, korrespondierte unablässig mit der weitverzweigten Verwandtschaft in den Residenzen zwischen Berlin und Neapel und brachte es als ehestiftende Mutter zu fast ähnlichen Erfolgen wie die legendäre Kaiserin Maria Theresia.

Ludowikas Erfolgsbilanz läßt sich sehen. Ihre Schwiegersöhne waren immerhin Männer, die auf dem Parkett der europäischen Kabinettspolitik klangvolle Namen trugen: Kaiser Franz Joseph I. von Österreich, Maximilian von Thurn und Taxis, König Franz II. von Neapel-Sizilien, Ludwig von Bourbon-Parma, Ferdinand von Alençon-Orléans. Eine Frau aus der ›Possenhofener Bettelwirtschaft‹, wie das Haus des Herzogs Max oft spöttisch genannt wurde, konnte mit dieser Leistung zufrieden sein.

Konnte sie es wirklich? Das große Lebensglück blieb ihren Töchtern versagt. Ludowika die Unglückliche mußte als alternde Frau selbst noch miterleben, wie erfolglos ihre Heiratspolitik letztlich gewesen war. Bei Ehemann Max fand die Herzogin wenig Trost im Ungemach. Ihm war das Schicksal seiner Kinder weitgehend egal. Wenn die verheirateten Töchter seine Possenhofener Behaglichkeit mit ihren Eheproblemen allzu lang störten, warf er die jungen Damen kurzerhand hinaus und schickte sie zu ihren Männern zurück.

Natürlich lag es auch am wenig ausgeprägten Selbstbewußtsein Ludowikas, wenn sie in der Geschichte ihrer Familie die Rolle der Leidenden übernehmen mußte. Erzogen zur Bescheidenheit, fand sie nie den Mut, sich gegen ihre älteren Geschwister und später gegen ihren Mann durchzusetzen. Da war Bruder Ludwig, der auf Bayerns Königsthron ein beeindruckendes Beispiel von Durchsetzungskraft und Selbstdarstellung bot. Da war die ältere Schwester Karoline Auguste, die durch ihre Hochzeit mit Kaiser Franz I. von Österreich eine glänzende Partie gemacht hatte. Und da war vor allem die energische Schwester Sophie, die als Frau des Habsburger Erzherzogs Franz Karl großen Ehrgeiz am Wiener Hof entwickelte und die Geschichte der Donaumonarchie im 19. Jahrhundert nachhaltig beeinflußte.

Ludowika, das dreizehnte Kind des bayerischen Königs Maximilian I. und Mutter der Kaiserin Sissi, stand immer auf der Schattenseite des Lebens. Ihr geistiger Horizont war eng, ihre bescheidene Bildung bezog sie im wesentlichen aus der Lektüre erbaulicher Missionskalender. Ihre persönlichen Interessen erschöpften sich in der Pflege einer kleinen Uhrensammlung.

Die Leidensfähigkeit Ludowikas wurde auf die stärkste Probe gestellt, als sie mit ihrer scharf denkenden, rigoros handelnden Schwester Sophie in eine Angelegenheit hineingezogen wurde, die später in die Geschichtsbücher eingehen sollte. Es ging um Heiratspolitik auf allerhöchster Ebene. Das war im Sommer 1853.

In Wien regierte seit fünf Jahren Kaiser Franz Joseph I. dank des Thronverzichts seines epileptischen Onkels Ferdinand, der durch die Folgen der revolutionären Unruhen des Jahres 1848 zum Rücktritt gedrängt worden war. Franz Joseph herrschte als absolutistischer Monarch unumschränkt über das nach Rußland zweitgrößte Land Europas; Österreich hatte damals 40 Millionen Einwohner. Ohne Zweifel, der junge Kaiser war eine glänzende Partie, vielleicht sogar die glänzendste im europäischen Hochadel. Äußerlich attraktiv, von liebenswürdiger Geschmeidigkeit – auf den jetzt dreiundzwanzigjährigen Habsburger blickte die ganze Welt. Er war schließlich der allerhöchste Repräsentant einer Macht, die jahrhundertelang die Geschichte entscheidend geprägt hat, der Chef einer Dynastie, die seit dem 13. Jahrhundert deutsche und österreichische Kaiser stellte. Franz Joseph war auf Brautschau, aber dieselbe gestaltete sich zunächst gar nicht so einfach.

Trotz aller diplomatischen Anstrengungen seiner Mutter Sophie verlief beispielsweise eine Reise nach Berlin im Jahr 1852 sehr enttäuschend. Dort war das wohlwollende Auge des jungen Wiener Monarchen auf die Preußen-Prinzessin Anna gefallen, eine Nichte des preußischen

Königs Friedrich Wilhelm IV.. Franz Joseph hatte sich rasch in das wunderschöne Fürstentöchterchen verliebt. Aus der von ihm so dringend ersehnten Verlobung wurde aber nichts. Der Berliner Hof winkte respektvoll aber unmißverständlich ab. Eine Heirat mit einem Mitglied des Hauses Habsburg paßte zum damaligen Zeitpunkt ganz und gar nicht in die langfristigen Perspektiven der preußischen Machtpolitik. Friedrich Wilhelms IV. Pläne zielten nämlich darauf ab, die Führungsrolle auf dem Territorium des alten deutschen Reichs zu übernehmen. Eine engere verwandtschaftliche Beziehung zum Erzrivalen Österreich paßte in keiner Weise zu diesen Zielen.

Verletzt reiste Franz Joseph wieder zurück nach Wien. Auch aus der von Erzherzogin Sophie vorsichtig eingefädelten Fühlungnahme mit der sächsischen Prinzessin Sidonie wurde nichts. Auch hier waren es vorwiegend politische Gründe, die das Hochzeitsprojekt platzen ließen.

Die zunächst einmal frustrierte Heiratsvermittlerin Sophie schaute sich im Jahr darauf bei ihrer bayerischen Verwandtschaft um – und wurde rasch fündig. Schließlich hatte ihre jüngere Schwester Ludowika fünf höchst ansehnliche Töchter. Vor allem die älteste von ihnen, Prinzessin Helene, hatte es der Wiener Erzherzogin angetan. Die junge Wittelsbacherin aus Possenhofen hatte eine gewisse Lebensart, war von ernster, zurückhaltender Natur, sah gut aus und war – so vermutete Sophie wenigstens – noch formbar. An der Zustimmung des Mädchens zur beabsichtigten Hochzeit mit dem Wiener Kaiser zweifelte niemand, am allerwenigsten die eiserne Erzherzogin Sophie, die Tante der Prinzessin.

Ein natürlich rein zufälliges Zusammentreffen der beiden Heiratskandidaten wurde ebenso langfristig wie strategisch ausgeklügelt vorbereitet. Die erste Begegnung war für den Sommer 1853 geplant, und zwar in Ischl, wo die kaiserliche Familie gerne ihre Urlaubswochen verbrachte. Dort kam allerdings alles ganz anders, als Erzherzogin Sophie es geplant hatte.

Verlobung in Ischl

Im Sommer 1853 drohte eine schwere Krise, das mitteleuropäische Gleichgewicht der Mächte geriet in Gefahr. Auf dem Balkan entstand durch den unaufhaltsamen Verfall des türkischen Großreichs ein politisches Vakuum. Zar Nikolaus witterte eine Chance, den Einflußbereich Rußlands auszuweiten. Er besetzte mit seinen Truppen die Donaufürstentümer im heutigen Rumänien. England und Frankreich waren aufgeschreckt, Preußen in Alarmbereitschaft. Alles blickte nach Wien. Wie wird sich Österreichs Kaiser verhalten? Zar Nikolaus erhoffte sich militärische und politische Unterstützung durch Österreich – als Lohn dafür, daß Rußland 1848 bei der Niederschlagung des ungarischen Aufstands gegen die Donaumonarchie behilflich gewesen war.

Franz Joseph zögerte, was er besonders gern tat. Er hatte ja schließlich anderes im Kopf. Er reiste nach Ischl, wo er wichtigen Damenbesuch erwartete. Es war der 16. August, an dem eine Kutsche aus München ankam. Aus der bayerischen Kalesche kletterten Herzogin Ludowika und ihre beiden Töchter Helene und Elisabeth. Kaisermutter Sophie erschrak zunächst beim Anblick der Verwandtschaft. Sie erschien in Trauerkleidung. Das Rätsel war rasch geklärt. Die drei Damen kamen direkt von der Beerdigung einer Verwandten und hatten sich für das fröhliche Treffen noch nicht entsprechend umziehen können, weil das Gefährt mit dem ganzen Reisegepäck Verspätung hatte.

Voller Nervosität fieberte Herzogin Ludowika der Schicksalsstunde entgegen, bei der sich herausstellen

Hochzeit in der Wiener Augustinerkirche:
Am 24. April 1854 gaben sich Sissi und Franz Joseph während einer feierlichen Zeremonie das Jawort.

sollte, ob ihr kaiserlicher Neffe Gefallen an der achtzehnjährigen Helene finden würde. Die Verwandtschaft traf sich zum Tee, Helene war immer noch in schwarze Kleider gehüllt. Ein böses Omen?

Aus Briefen und Tagebuchaufzeichnungen der Beteiligten geht hervor, daß dieses erste Treffen zunächst einmal einen sehr steifen Verlauf nahm. Das Gespräch kam nicht so richtig in Gang. Die Damen nestelten nervös an ihren Gewändern herum, Franz Joseph zeigte sich auch nicht sonderlich gesprächig.

Eines war aber ziemlich schnell klar. Der junge Kaiser machte seiner Cousine Helene zwar artige Komplimente, doch hingerissen war er von der ernsten jungen Frau aus Bayern keineswegs. Da war die kleine Sissi doch etwas ganz anderes. Ihr fröhliches frisches Gesicht gefiel Franz Joseph sofort. Die schwarze Kleidung stand ihr ausgesprochen gut, brachte ihre schöne Figur voll zur Geltung. Kurzum, der Kaiser hatte nur noch Blicke für die jüngere seiner beiden Cousinen, die ihm ausnehmend gut gefiel. Sissi war fünfzehn Jahre alt.

Ob es nach dieser ersten Kontaktaufnahme zu Verstimmungen im engsten Familienkreis kam, ist nicht belegt, darf aber vermutet werden. Schließlich hatten zwei Mütter wochenlang unermüdlich darauf hingearbeitet, die untadelige Helene dem österreichischen Kaiser ins fürstliche Ehebett zu legen – und jetzt machte er nur der jüngeren Schwester schöne Augen. Das war für die beiden Heiratsvermittlerinnen zunächst einmal ein harter Schlag. Aber was half's? Es blieb ja schließlich alles in der

Familie. Und die konnte nun wirklich nicht mehr übersehen, daß sich der Monarch unsterblich in Sissi verliebt hatte.

Am darauffolgenden Tag lud der Kaiser in Ischl zu einem großen Ball, dessen festliche Pracht und große Eleganz die bäuerlichen Töchter des bayerischen Herzogs Max zunächst einmal verstörten. Sissi bekam schon einmal einen kleinen Vorgeschmack auf das, was sie am Wiener Hof mit seinem komplizierten Protokoll und seiner anspruchsvollen Etikette erwartete. Für die blutjunge Prinzessin war spätestens seit diesem Ball klar, daß an Franz Joseph wohl kein Weg mehr vorbeiführt. Der Kaiser zeigte deutlich, wie fasziniert er von seiner Cousine war. Er beobachtete sie ständig, führte sie mehrmals zum Tanz und übersah dabei liebevoll, daß sich Sissi beim Walzer außerordentlich schwer tat. Doch die herzliche Verliebtheit Franz Josephs gab der kleinen Bayern-Prinzessin mit ihren langen dunkelblonden Zöpfen, die sie für diesen Abend hochgesteckt trug, ihre ganze unbekümmerte Spontaneität wieder. Am Ende des Balls war jedem klar, daß Sissi Österreichs neue Kaiserin wird.

Ohne große Umschweife erklärte sich Franz Joseph seiner Mutter. Von Helene war keine Rede mehr. Am Morgen des 18. August erschien der Kaiser von Österreich in einer weißen Offiziersuniform im Hotel seiner bayerischen Verwandten und bat ganz offiziell um die Hand seiner Cousine Sissi. Die beiden Mütter zogen ihre anfänglichen Bedenken zurück und machten gute Miene zum schönen Spiel.

Über die wirklichen Gefühle Elisabeths in diesen Tagen weiß niemand genau Bescheid. Was sie sagte, ist nur in den Erinnerungen der Erzherzogin Sophie und ihrer Schwester festgehalten. Inwieweit die Mütter die Äußerungen der Prinzessin geschönt weitergaben, läßt sich nicht feststellen. Aber die Legende will jedenfalls wissen, daß auch Sissi deutliche Zeichen von Verliebtheit zeigte und vom kaiserlichen Bräutigam ganz entzückt war. »Wie soll man *den* Mann nicht lieben können?« Dieser Satz wird der fünfzehnjährigen Wittelsbacherin zugeschrieben. Um klarzustellen, daß die Verbindung auch ihre Billigung findet, kommentierte Herzogin Ludowika die überraschenden Vorgänge so: »Dem Kaiser von Österreich gibt man keinen Korb.« Damit war alles klar. Dieser Satz spiegelt ganz deutlich wider, wie damals in fürstlichen Familien Heiratspolitik betrieben wurde. Ehen wurden als Politikum betrachtet, persönliche Zuneigung oder Abneigung spielten keine Rolle. Daß bei den Beziehungen zwischen Franz Joseph und Sissi auch noch große gegenseitige Sympathien mitspielten, gehörte zu den ganz großen Ausnahmen.

Zu einer Art Spießrutenlauf wurde für Sissi der Gang zum Festgottesdienst in der Pfarrkirche von Ischl, wo sich das Paar ganz offiziell und ganz öffentlich verlobte. Eine dichte Menschenmenge drängte sich auf den Straßen, alle wollten Österreichs künftige Kaiserin sehen. Die Neugier steigerte sich bis zur Hysterie. Der kleine Hofstaat, der Franz Joseph in die Ischler Sommerfrische begleitete, schenkte der Prinzessin aus Bayern seine ganze

Aufmerksamkeit. Keine Unbeholfenheit, keine ungelenke Bewegung entging den Kammerherrn und Hofdamen. Sissi wirkte bleich, angestrengt – vor allem aber sehr gewinnend. Ihre natürliche Anmut, die den Kaiser so faszinierte, verlor sie selbst bei dem habsburgischen Zeremoniell nicht, das ihr allerdings später schwer zu schaffen machen wird.

Um seiner Braut zwischendurch entspannte Zerstreuung zu bieten, unternahm Franz Joseph mit Sissi ausgedehnte Kutschenfahrten ins Salzkammergut. Immer mit dabei war ein Mann, der im Leben der späteren Kaiserin keine unwichtige Rolle spielte: Carl Graf Grünne. Er war Franz Josephs erster Adjutant, sein wichtigster Berater in allen politischen, militärischen, aber auch privaten Fragen. Graf Grünne stand in der höfischen Hierarchie an vorderster Stelle, denn als Chef der Militärkanzlei galt er nach dem Kaiser als mächtigster Mann Österreichs, war eine Art Oberbefehlshaber des Heeres.

Erste Bekanntschaft machte Sissi in diesen glücklichen Ischler Tagen auch mit einer Frau, die an der Wiener Hofburg großen Einfluß auf den Alltag der späteren Kaiserin ausübte. Gräfin Sophie Esterhazy wurde nach der Hochzeit Elisabeths Oberhofmeisterin und übernahm damit die Rolle einer Aufpasserin und Gouvernante, die vor allem einen Auftrag hatte: Sie mußte Sissi mit den strengen Regeln des genau abgezirkelten Hoflebens bekannt und vertraut machen. Es wäre die reine Übertreibung, zu behaupten, daß die Kaiserin gegenüber der Oberhofmeisterin so etwas wie menschliche Zuneigung empfand.

Am Ende der Verlobungstage im Salzkammergut stand eines fest: Franz Joseph und Sissi waren ein Traumpaar wie aus dem Bilderbuch, dem Eheglück schien nichts mehr im Weg zu stehen. »Ich habe den Kaiser so lieb. Wenn er nur kein Kaiser wäre«, seufzte Elisabeth bei ihrer Mutter in unbewußter Vorahnung all der Schwierigkeiten, die sie an der Seite ihres künftigen Mannes erwarteten. Ludowika fand sich rasch damit ab, daß ihre älteste Tochter in Ischl leer ausgegangen war. Nicht so einfach war es für Helene, sich mit der neuen Situation abzufinden.

Die Zuneigung Franz Josephs zu seiner Braut war so groß, daß er unmittelbar nach der Verlobung einen Kunstmaler mit einem Portrait von Sissi beauftragte. Das in Ischl entstandene Bild war das wichtigste Gepäckstück bei der Rückreise des Kaisers nach Wien. Erzherzogin Sophie war von den rasch improvisierten Festlichkeiten in Ischl so begeistert, daß sie die bisher gemietete Ferienvilla kaufte und erweitern ließ. Zwei neue Flügel kamen hinzu. Der Grundriß des Gebäudes hatte jetzt die Form des Buchstabens E, dem Initial der künftigen Schwiegertochter.

Unmittelbar nach der Rückkehr Ludowikas und ihrer beiden Töchter nach München und Possenhofen begannen sofort die Vorbereitungen zur Hochzeit. Sie war in Wien geplant und nicht in München. Eine Reise des gesamten Wiener Hofs und der vielen Angehörigen des Erzhauses Habsburg erschien Franz Joseph zu umständlich. Erzherzogin Sophie, die resolute Schwester der eher

Triumphzug für Sissi:
Wien feiert die Ankunft der bayerischen Prinzessin
mit prunkvollen Paraden
und Empfängen.

sanftmütigen Ludowika und künftige Schwiegermutter Sissis, gab präzise Anweisungen für alles, was in die Wege geleitet werden mußte. Die Post hatte viel zu tun, um all die Briefe vom Wiener Hof nach München und an den Starnberger See zu transportieren. Für die Erzherzogin stand rasch fest: Der unbekümmerten Sissi, die in der saloppen Umgebung ihres lebenslustigen und großzügigen herzoglichen Vaters aufgewachsen war, fehlte noch viel Schliff, um dem Anspruch, den der Hof an eine österreichische Kaiserin stellte, zu genügen. Die Verhaltensregeln, die ausgegeben wurden, gingen bis in kleinste Details und waren nicht immer taktvoll. Die Vorschriften reichten bis zu Anweisungen für die allmorgendliche Toilette.

Zu den Selbstverständlichkeiten gehörte es, daß Sissis Garderobe für den bevorstehenden Umzug nach Wien vorbereitet werden mußte. Der Inhalt des Kleiderschranks in München war in den Augen der künftigen Schwiegermutter nicht nur lächerlich, sondern geradezu indiskutabel. Die Kleider, die Sissi bisher trug, waren aus Wiener Sicht der Gipfel dumpfer Provinzialität, in keiner Weise dazu geeignet, auf dem anspruchsvollen Parkett der Hofburg eine Kaiserin herauszuputzen. In den Münchner Schneiderwerkstätten begann eine hektische Zeit. Denn in verhältnismäßig kurzer Zeit mußten repräsentative Gewänder hergestellt werden, die auch dem kritisch strengen Blick der Erzherzogin Sophie standhielten. Brautvater Max mußte es sich gefallen lassen, daß sein Budget erheblich belastet wurde. Aber was half alles

Lamentieren, er bekam dafür den österreichischen Kaiser zum Schwiegersohn. Die glänzende Partie seiner Tochter hatte nun einmal ihren Preis.

Der Wiener Hof drang auch mit Nachdruck darauf, daß an der Bildung der Braut gearbeitet wurde. Die Oberhofmeisterin, die Kammerherren und vor allem die künftige Schwiegermutter nahmen Anstoß daran, daß Sissi nicht in der Lage war, bei einer anspruchsvolleren höfischen Konversation mitzuhalten. Die junge Wittelsbacherin verfügte zwar über eine hellwache Intelligenz, was dem Kaiser immer wieder angenehm auffiel. Doch es fehlte an historischem Wissen und an Sprachgewandtheit. Vor allem wurden Sissis mangelhafte Kenntnisse im Französischen bemängelt. Das mußte anders werden, ordnete der Wiener Hof an. Und Herzog Max reagierte sofort. Eine große Zahl von Hauslehrern wurde engagiert, die den Auftrag hatten, Sissis Bildungslücken im Schnellverfahren zu beseitigen. Besonderer Wert wurde auf die historische Bildung gelegt. Der aus Ungarn stammende Geschichtsprofessor Graf Johann Mailath, der zu dieser Zeit in München lebte, war in den Augen von Herzog Max der richtige Mann für diese Aufgabe.

Graf Mailath war in der Zunft der Historiker nicht unumstritten. Er galt als Anhänger der Politik des Fürsten Metternich, der in Österreich das Zeitalter der Restauration einleitete. Aber der Graf hatte für Sissis Geschmack einen großen Vorteil, er konnte begeistern. Sein Unterricht, der sich oft bis in die späten Abendstunden hinzog, muß so faszinierend gewesen sein, daß auch Sissis Brüder an den privaten Vorlesungen des Professors teilnahmen. Sein Hauptauftrag war es natürlich, die künftige Kaiserin in die Zusammenhänge der österreichischen Geschichte einzuweihen. Daß er dabei auch immer wieder auf die Unterdrückung seiner ungarischen Landsleute durch die Wiener Regierung zu sprechen kam, hatte weitreichendere Folgen, als der leidenschaftliche Lehrer ahnen konnte. Er weckte Elisabeths Begeisterung für alles Ungarische, eine Begeisterung, die für die österreichische Politik der sechziger Jahre des 19. Jahrhunderts tiefgreifende Folgen hatte.

Überhäuft wurde die in einfachen Verhältnissen aufgewachsene bayerische Prinzessin in diesen Wochen mit großzügigen Geschenken. Franz Joseph behängte seine Braut mit edelsten Juwelen, Sophie ließ Sissi ihren eigenen sehr wertvollen Brautschmuck überreichen – ein Diamantendiadem mit dazu passendem Collier. Das junge Mädchen von Possenhofen fühlte sich durch all die feinen Juwelen sehr geschmeichelt. Doch die größte Freude löste bei ihr ein Geschenk aus, das sich der Kaiser selbst hatte einfallen lassen: Er schickte seiner Sissi einen Papagei.

Natürlich wurde angesichts der bevorstehenden Hochzeit auch über Geld geredet. Herzog Max mußte 50000 Gulden für die Mitgift locker machen, deren Zahlung noch vor der Eheschließung fällig war. Trotz des kaiserlichen Rangs des Schwiegersohns mußte alles seine liebe Ordnung haben. Herzog Max bestand allerdings auf einer Quittung. Im Gegenzug wurde bereits während

Sissis Verlobungszeit ihre künftige Apanage ausgehandelt. Franz Joseph gestand seiner künftigen Frau ein Jahreseinkommen von 100000 Gulden zu, wovon sie nur ihre ganz persönlichen Ausgaben zu bestreiten hatte. Die monarchische Lebenshaltung wurde selbstverständlich vom Hof finanziert. 100000 Gulden – das war damals eine Menge Geld. Schwiegermutter Sophie standen nur 20000 Gulden zu. Zum Vergleich: Eine Arbeiterfamilie mußte im damaligen Wien mit 300 Gulden im Jahr auskommen.

Auf die Einrichtung der kaiserlichen Wohnung in der Wiener Hofburg hatte die Braut keinerlei Einfluß. Die Aufteilung der Räume, die Auswahl der Möbel, der Teppiche und Bilder – das alles hatte die energische Mutter Franz Josephs in die Hand genommen. Sie bestimmte auch, daß in Sissis private Räume keine Küche eingebaut werden durfte. Die Mahlzeiten nahm die kaiserliche Großfamilie immer gemeinsam ein – in einem eigens dafür vorgesehenen Salon. Auch das war wieder ein kleiner Vorgeschmack darauf, wie intensiv sich Erzherzogin Sophie in das Eheleben ihres Sohnes einmischen wird.

Wien feiert Hochzeit

Der 20. April des Jahres 1854 war ein bemerkenswerter Tag. Auf der Münchner Ludwigstraße hatten sich schon in aller Frühe Tausende eingefunden, die dabei sein wollten, wenn Prinzessin Sissi zu ihrer großen Fahrt nach Wien aufbrach. Im Max-Palais verabschiedete sich die junge Kaiserbraut von ihren Jugendfreunden und vom Personal – für jeden gab es ein kleines Geschenk zur Erinnerung. Viele Tränen flossen. Auch Sissi gelang es nicht, ihre Rührung zu unterdrücken. In einem Konvoi von Kutschen führte die insgesamt drei Tage dauernde Reise zunächst nach Straubing. Sissi hatte 25 Koffer dabei, in denen die Brautausstattung untergebracht war. Von Straubing aus ging es per Schiff nach Passau. Dort wartete eine österreichische Ehrendelegation auf Sissi, ihre Eltern und Geschwister. Die ganze Familie begleitete die junge Wittelsbacherin auf ihrem Weg in die Hochburg der Habsburger.

Franz Joseph war voller Ungeduld. Er konnte es in Wien kaum erwarten, seine Braut endlich in die Arme zu schließen. Deshalb fuhr er ungeachtet den seit Wochen festgelegten protokollarischen Plänen Sissi bis Linz entgegen. Das modernste Schiff Europas, das den Namen des Kaisers trug, brachte die Reisegesellschaft auf der Donau nach Wien. Die Ausstattung des Dampfers war luxuriös. Mit Samt ausgeschlagene Salons boten den kostbaren Rahmen für die Passagiere, die Decks waren mit Blütengirlanden geschmückt. Um die ›Franz Joseph‹ zum schönsten Schiff der Donauflotte zu machen, hatte die Werft ihren ganzen Ehrgeiz entfaltet.

Als Kerker empfand Sissi
das Schloß Laxenburg bei Wien.
Hier verbrachte die österreichische Kaiserin
ihre unglücklichen Flitterwochen.

Während sich die Hochzeitsgesellschaft verhältnismäßig gemächlich in Richtung Nußdorf bewegte, herrschte in Wien bereits heftige Betriebsamkeit. Es war die erklärte Absicht des Zeremoniells, die Vermählungsfeierlichkeiten Franz Josephs zu einem gigantischen öffentlichen Schauspiel werden zu lassen, das einen ganz bestimmten politischen Zweck verfolgte. Die Lebensbedingungen der breiten Masse waren im Wien des vergangenen Jahrhunderts alles andere als rosig. Große Teile der Bevölkerung murrten wegen der schlechten bis katastrophalen Ernährungslage, bedingt durch zahlreiche Mißernten in den zurückliegenden Jahren. Viele Österreicher, die in der Provinz lebten, hungerten. Dazu kam eine miserable Finanzlage des Staates. Die Wunden der napoleonischen Kriege waren noch immer nicht verheilt. Die stürmische Industrialisierung schuf ein Proletariat, das sich durch Hungerlöhne ausgebeutet fühlte. Die brutale Niederschlagung der Revolution von 1848, die polizeistaatlichen Maßnahmen, die Unterdrückung der Meinungsfreiheit, der Ausnahmezustand, der die Großstädte Wien, Budapest und Prag im despotischen Würgegriff des Militärs hielt – das alles schuf ein Klima, in dem Protest, Verzweiflung und Lebensüberdruß wucherten.

Wann immer sich die Habsburger einer starken Front der Unzufriedenheit gegenübersahen, griffen sie zu einem Mittel, das vor allem die Wiener stark beeindruckte. Die Monarchie setzte ihr prunkvolles Zeremoniell ein, ließ ihren Machtanspruch und ihr Machtgefühl bei rauschenden Festen feierlich zelebrieren. Das machte Eindruck, unterstrich die Bedeutung des Kaiserhauses. Das Gottesgnadentum, von dem auch die späten Habsburger noch ganz durchdrungen waren, entfaltete bei diesen Gelegenheiten seine ganze Pracht.

Daß die kleine Sissi aus Bayern, die sich auf der Donau langsam der Hauptstadt näherte, vom alten Zopf der Zeremonien nichts hielt, war den Regisseuren des großen Habsburg-Festivals am 22. April 1854 noch unbekannt. Aber selbst wenn sie erfahren hätten, daß die künftige Kaiserin republikanischen Ideen huldigte – an diesem Tag hätte das nichts genutzt und die kaiserliche Prachtentfaltung auch nicht verhindert. Schließlich kannten die wichtigsten Repräsentanten keinerlei Zweifel an der Monarchie. Ihre Legitimität galt bei der herrschenden Schicht als unumstößlich.

Es war 16 Uhr, als am 22. April das Prunkschiff ›Franz Joseph‹ im Wiener Heurigen-Vorort Nußdorf anlegte. Böllerschüsse krachten. Die kaiserliche Familie, alle Mitglieder des Hauses Habsburg, der Magistrat der Stadt, die Geistlichkeit und Tausende von Wienern standen am Kai, als Sissi am Arm des Monarchen von Bord ging. Die Begrüßung der Braut aus Bayern wurde zum glanzvollen Fest. In einem Triumphzug wurden die Münchner Gäste anschließend ins kaiserliche Sommerschloß nach Schönbrunn gebracht.

Dort begann für Sissi eine endlose, qualvolle Zeremonie. In den barocken Prunkgemächern wurde sie der neuen Verwandtschaft vorgestellt. Die Reihe der Erzherzöge und Erzherzoginnen, denen sie die Hand zum Kuß reichen mußte, wollte nicht enden. Sissi wurde immer blasser im Gesicht, hielt die Strapazen des staatspolitisch für Franz Joseph so wichtigen Schauspiels kaum durch, hatte vor allem Mühe, den tieferen Sinn dieses Gepränges zu verstehen. Völlig erschöpft, in Tränen aufgelöst fiel Sissi am Abend ins Bett, um endlich Ruhe zu finden.

Für den nächsten Tag sah das Protokoll den feierlichen Einzug in die Wiener Hofburg vor. Wieder wurde ein gewaltiger Triumphzug arrangiert, der die Bevölkerung durch seinen üppigen barocken Glanz beeindruckte. Die Regisseure sahen in ihrem Drehbuch eine strahlend schöne Braut vor, die sich lächelnd in aller Öffentlichkeit in ihrem neuen Glück sonnt. Doch daraus wurde nichts. Sissi war mit den Nerven völlig fertig. Von Weinkrämpfen geschüttelt, mit geschmerztem Gesicht saß sie in ihrer Prunkkarosse, die sie durch die Straßen Wiens zum Zentrum der Habsburger Macht brachte. Franz Joseph ertrug den Zusammenbruch seiner Braut mit Gelassenheit. Doch Schwiegermutter Sophie machte erste gallige Bemerkungen, sie vermißte bei Sissi kaiserliche Contenance.

Die Hochzeit war für den 24. April angesetzt. In der altehrwürdigen Augustinerkirche warteten Kardinal Rauscher und 80 Bischöfe auf das Brautpaar, das sich in einem festlichen Zug dem Gotteshaus näherte. 15000 Kerzen tauchten den dunklen Raum in feierliches Licht. In ganz Wien läuteten die Glocken, als Franz Joseph und Elisabeth die Ringe wechselten. Hochzeit feierten an diesem Tag aber nicht nur der Kaiser und die Kaiserin, Hochzeit feierten bei dieser Zeremonie wieder einmal das

Haus Habsburg und die katholische Kirche, die bis zum Ende des Ersten Weltkriegs die wichtigste Partnerin der österreichischen Monarchie geblieben ist.

Die Tradition verlangte, daß sich ein österreichischer Herrscher bei besonders freudigen Ereignissen mildtätig zeigt. Um die innenpolitische Situation etwas zu entspannen, entschloß sich Franz Joseph zu einer Amnestie für fast alle politischen Gefangenen, die seit dem Revolutionsjahr 1848 in Haft saßen. Zur Linderung der Not in den von der Wirtschaftskrise besonders hart betroffenen Provinzen des Reichs griff Franz Joseph in seine Privatkasse und spendete 200000 Gulden. Die Aufteilung des Geldes erfolgte nach einem genau festgelegten Schlüssel.

Die österreichische Hauptstadt erlebte in diesen Tagen das größte Fest seit dem Wiener Kongreß, dessen glanzvolles Rahmenprogramm in den Jahren 1814 und 1815 neun Monate lang ganz Europa fasziniert hatte. Unsummen wurden ausgegeben, um das fürstliche Schaugepränge zu Ehren Franz Josephs, seiner jungen Frau und der Monarchie zu ermöglichen.

Die bayerische Prinzessin, die seit ihrem Ja-Wort in der Augustinerkirche ganz offiziell den Titel Kaiserin trug, mußte spätestens am Abend ihrer Hochzeit feststellen, daß sie ab sofort keinen Anspruch mehr auf ein Privatleben hatte. Alles, was sie jetzt tat, war öffentlich. Selbst beim Einzug ins Schlafzimmer war sie nicht allein. Die Schwiegermutter war immer dabei. Sie zog sich erst zurück, als der Kaiser nahte. Sissi blieb bei ihrer Hochzeit allerdings die Peinlichkeit erspart, die in den fürstlichen

Brautgemächern Europas sonst üblich war. Es war nämlich lange Zeit Brauch, daß sich die gesamte Verwandtschaft am Brautbett drängte, um dabei zu sein, wenn der junge Ehemann unter die Decke kriecht.

»Ich hab ihn ja so lieb. Wenn er doch nur ein Schneider wäre«, lautete Sissis Stoßseufzer angesichts der Torturen, die das Leben am Hof für sie mit sich brachte.

Selbstverständlich blieb es dem Hofstaat nicht verborgen, daß die Hochzeitsnacht nicht gerade glücklich verlaufen war. Diskretion war nie groß geschrieben in den Räumen der Wiener Hofburg. Der Tratsch gehörte zu den unverzichtbaren Grundelementen des kaiserlichen Haushalts. Niemand in der Umgebung des Monarchen war vor Klatsch sicher, nicht einmal er selbst. Erzherzogin Sophie, die beim Ehestiften ja nicht nur das Glück ihres Sohnes, sondern vor allem den Fortbestand der Monarchie im Sinn hatte, empfand sich wieder einmal als unverzichtbare Ratgeberin. Was beim morgendlichen Frühstück, das der Kaiser zusammen mit Sissi und Erzherzogin Sophie einnahm, genau gesprochen wurde, ist nicht überliefert. Doch wurde bekannt, daß es Franz Joseph erst in der dritten Nacht nach der Hochzeit gelang, die neue Kaiserin zur Frau zu machen. Auch dieses Ereignis wurde gefeiert. Diesmal aber im engsten Familienkreis – bei einem Frühstück mit der Erzherzogin, zu dem Sissi erst nach mehrfachem Drängen erschien.

Schon nach wenigen Tagen war der jungen Kaiserin endgültig klar, daß sie von der unbekümmert heiteren Lebensweise, die sie von Possenhofen her gewohnt war,

Österreichs Kaiser Ferdinand dankt nach der Revolution von 1848 ab. Vor ihm kniet Franz Joseph, der als 18jähriger den Thron besteigt. Die feierliche Zeremonie fand am 2. Dezember 1848 in Olmütz statt.

für immer Abschied nehmen mußte. Jeder Schritt, jede Geste wurde daraufhin überprüft, ob die Regeln des strengen Zeremoniells eingehalten wurden. Und selbstverständlich beobachtete der Wiener Adel mit größtem Interesse und auch nicht ohne Mißgunst die neue erste Frau des Staates. Mit Mißgunst schon deshalb, weil Sissis Ahnenreihe vor den strengen Maßstäben der österreichischen Hocharistokratie nicht bestehen konnte. 16 hochkarätige Ahnen in ununterbrochener Reihenfolge – das war die Grundvoraussetzung, um in der besseren Gesellschaft ernstgenommen zu werden. Sissi konnte damit nicht dienen. Das gab in Wien Anlaß zu vielen spöttischen Anmerkungen, zu viel Klatsch, zumal sich auch rasch herumgesprochen hatte, daß die Mitgift der jungen Kaiserin längst nicht so opulent war, wie sich das bei der Hochzeit mit einem Kaiser eigentlich gehört hätte. Wieder einmal war die ›Possenhofener Bettelwirtschaft‹ Ziel der Kritik.

Schwierige Flitterwochen

Eigentlich war Schloß Laxenburg, das 15 Kilometer südlich von Wien liegt, einmal als Lustschloß gedacht. Doch das alte Gemäuer aus der Zeit der Kaiserin Maria Theresia verbreitete eher eine düstere, beklemmende Atmosphäre. In diesem furchteinflößenden Traditionsbau der Habsburger verbrachten Franz Joseph und Elisabeth ihre Flitterwochen. Die Wahl des Ortes war keine Entscheidung des Kaisers, sondern seiner Mutter, der Erzherzogin Sophie. Ihre große Zeit war jetzt gekommen. Eisern verfolgte sie das Ziel, ihre noch kindliche und völlig weltunerfahrene Nichte zu einer würdigen Kaiserin und einer still duldenden Ehefrau zu erziehen. Sie tat es mit der Penetranz einer herrschsüchtigen Schwiegermutter und in der festen Überzeugung, dadurch der Sicherung der Dynastie einen guten Dienst zu erweisen.

Für Sissi freilich wurden die Wochen auf Schloß Laxenburg zur Qual. Mit dem Einzug in das abweisende Gebäude mit seiner bedrückenden Ausstrahlung begann der lange Leidensweg der jungen Kaiserin, die erkennen mußte, daß ihre Welt künftig eine Welt der Unterwerfung unter die Idee des österreichischen Spätabsolutismus zu sein hat. Für die Entwicklung einer eigenständigen Persönlichkeit mit privaten Neigungen hatte diese Idee keinen Platz vorgesehen.

Erzherzogin Sophie war immer zugegen, sie ließ dem jungen Paar praktisch keinerlei Möglichkeit zum entspannten Flittern. Tagsüber war Sissi ihrer Schwiegermutter ganz allein ausgeliefert, denn Franz Joseph fuhr

*Kaiser Franz Joseph
unmittelbar nach seiner Thronbesteigung.*

jeden Morgen in die Hofburg, um seinen Regierungsgeschäften nachzugehen. Fleiß und Pflichtbewußtsein hatte ihm die Erzherzogin schon in den Kinderjahren eingetrichtert. Vom Studium der Akten, das er sein ganzes Leben lang mit penibler Sorgfalt betrieb, wollte der Kaiser auch in den allerersten Ehewochen nicht lassen.

Beim Abendessen, das der Kaiser wieder in Laxenburg einnahm, waren Franz Joseph und Sissi nie allein. Sophie wich nicht von ihrer Seite. Wenn es zwischendurch einmal Stunden gab, in denen ihr die genaue Kontrolle des Ehepaars nicht möglich war, rückte die Oberhofmeisterin

Gräfin Esterhazy an, eine ergebene Dienerin der strengen Erzherzogin. Pflichtschuldig führte die Gräfin ein exaktes Protokoll über den Tagesablauf auf Schloß Laxenburg und vergaß auch keinen Fehler, keinen Fauxpas zu notieren, den Elisabeth beging. Eine der wichtigsten Aufgaben der Oberhofmeisterin war es, die junge Kaiserin aus allen politischen Gesprächen herauszuhalten. Der Monarchin war zu dieser Zeit auch nicht erlaubt, sich mit Fragen der Kunst oder der Literatur zu beschäftigen – das ziemte sich für die Frau Franz Josephs nicht, dessen Hauptinteressen dem Militär galten. Während Sissi gelegentlich ganz gern ins Theater ging, vor allem Shakespeares ›Sommernachtstraum‹ sehr schätzte, suchte der Kaiser seine Wonnen woanders. Für ihn war eine Parade seiner Truppen das schönste Schauspiel, das er sich denken konnte.

Sissi, so beschloß der Hofstaat, mußte sich in der Kunst der französischen Konversation üben. Die perfekte Unterhaltung in französischer Sprache gehörte damals zu den wichtigen Ritualen am Wiener Kaiserhof. Die Gesprächsthemen, um die alles kreiste, standen in totalem Widerspruch zu dem anspruchsvollen Rahmen. Es ging eigentlich nur darum, Gesellschaftsklatsch wortreich aufzubereiten.

Größeres Mißvergnügen löste Sissis zuweilen tolpatschige Art aus. Der Hofstaat vermißte die Eleganz bei ihren Bewegungen, bei ihrem Gang. Die Erzherzogin fand immer wieder einen Anlaß, Sissis bäuerliches Benehmen zu kritisieren. Eine Kaiserin, darüber war man sich einig, wurde nicht danach bemessen, was sie dachte, sondern welchen äußerlichen Eindruck sie bei öffentlichen Auftritten machte. Und öffentlich war alles auf Schloß Laxenburg. Selbstverständlich kam es überhaupt nicht in Frage, daß Sissi während ihrer Flitterwochen das Schloß allein verließ. Auch ein kleiner Ausflug nach Wien, zu dem sie ihren jungen Ehemann überredete, löste harsche Kritik aus. Sophie rüffelte die Schwiegertochter und ließ sie wissen, der Kaiser sei schließlich kein Lakai seiner Frau.

Sissi wurde immer unglücklicher. Weinend an ihrem Schreibtisch sitzend, schrieb sie traurige Briefe nach München und Possenhofen, in denen sie über großes Heimweh klagte. Unzählige Gedichte entstanden in dieser Zeit, die alle ihren elenden Seelenzustand widerspiegelten. Ihre spätere Hofdame Marie Festetics hielt in ihrem Tagebuch fest, was ihr Sissi über die dunklen Tage auf Schloß Laxenburg anvertraute: »Ich fühlte mich so verlassen, so einsam. Der Kaiser konnte tagsüber natürlich nicht hier sein, er ist täglich in der Früh nach Wien gefahren. Um sechs Uhr ist er zum Dinner zurückgekehrt. Bis dahin war ich den ganzen Tag allein und hatte Angst vor dem Augenblick, daß Erzherzogin Sophie kam. Denn sie kam jeden Tag, um jede Stunde zu spionieren, was ich tue. Alles war schlecht, was ich tat. Sie urteilte abfällig über jeden, den ich liebte. Alles hat sie herausbekommen, weil sie ständig gespitzelt hat. Das ganze Haus hat sie so gefürchtet, daß alle zitterten. Natürlich haben sie ihr alles mitgeteilt. Die kleinste Sache war eine Staatsaffäre.«

So spricht keine junge Frau, die glückliche Flitterwochen erlebte. Auch wenn der Haß auf die Schwiegermutter Sissi sicherlich zu mancher Übertreibung verführte, darf man ihr abnehmen, daß sie unter dem robusten Regiment der Erzherzogin seit den ersten Ehetagen sehr gelitten hat. Was war das für eine Frau, ohne deren Billigung am Wiener Kaiserhof nichts entschieden werden konnte?

Als Tochter des bayerischen Königs Maximilian I. war sie ebenso wie Sissi in München aufgewachsen. Sophie gehörte allerdings zum regierenden Haus der Wittelsbacher und wurde bereits in früher Jugend streng erzogen. Dank Napoleons Bündnispolitik war das frühere Kurfürstentum Bayern erst vor wenigen Jahren zum Königreich erhoben worden. Um den Münchner Thron zu festigen, lag es für Maximilian I. nahe, eine möglichst effektive Heiratspolitik zu betreiben. Das Verhandlungsgeschick des bayerischen Königs hatte Erfolg. Seine ältere Tochter Karoline Auguste konnte er mit Kaiser Franz I. von Österreich verheiraten. Eine weitere Ehe mit dem Haus Habsburg konnte für die Zukunft der Wittelsbacher von großem Nutzen sein.

Sophie galt in ihrer Jugend als ausgesprochene Schönheit, die äußerlichen Voraussetzungen für eine hochkarätige Ehe waren also nicht gerade schlecht. Dazu kam ein Quentchen Glück. Am Wiener Hof herrschte damals nämlich ziemliche Not. Erzherzog Franz Carl, der Sohn des Kaisers Franz I., galt allgemein als schwer vermittelbar. Er war weder attraktiv noch von nennenswerter Intelligenz. Sein höchstes Vergnügen waren Spaziergänge im Wiener Prater. Für die politischen Vorgänge seiner Zeit zeigte er nur begrenztes Interesse. Aber Franz Carl hatte zwei Vorteile: Er war Angehöriger der regierenden Habsburger Linie, und es war nicht ganz ausgeschlossen, daß ihm einmal die Kaiserkrone zufallen würde. Denn sein älterer Bruder Ferdinand, der eigentliche Thronfolger, war schwer krank und galt als schwachsinnig.

Als die junge Bayern-Prinzessin von den Heiratsplänen ihres Vaters erfuhr, brach sie in Verzweiflung aus. Angeblich schloß sie sich tagelang in ihr Zimmer ein. Von Weinkrämpfen geschüttelt, beklagte sie das ihr drohende Schicksal, mit einem ungeliebten Mann verheiratet zu werden.

Doch aller Schmerz half nichts. Sophie wurde zur Eheschließung nach Wien abkommandiert. Ihre letzten Versuche, das Unausweichliche doch noch abzuwenden, schlugen fehl. Sophie bekam zu hören, daß ihre Hochzeit mit Erzherzog Franz Carl schließlich beim Wiener Kongreß beschlossen worden war.

Die junge Wittelsbacherin fügte sich in ihr Schicksal, verfiel jedoch im Gegensatz zu ihrer Nichte keineswegs in Trauer und Resignation, sondern entwickelte Aktivitäten. Wie kaum eine andere Frau am Wiener Kaiserhof des 19. Jahrhunderts mischte sie sich intensiv in das politische Geschäft ein und nahm großen Einfluß auf die Entwicklung des Hauses Habsburg. Sophie kam dabei eines zustatten: Sie verfügte über enorme Energie, über Tatkraft und einen eisernen Willen.

Die junge Erzherzogin aus Bayern empfand sich jetzt als Habsburgerin und dachte weiter. Da sie sich rasch davon überzeugen konnte, daß von ihrem Ehemann nicht viel zu erwarten war, setzte sie ihre ganze Hoffnung in ihren ältesten Sohn Franz Joseph. Ihn zu einem Herrscher nach althabsburgischem Vorbild zu formen, ihn zur unnahbaren kaiserlichen Majestät zu erziehen – darin sah sie ihre Lebensaufgabe. Sie perfekt zu erfüllen, war ihr ganzer Ehrgeiz. Alle liberalen Bestrebungen, die absolute Monarchie in eine konstitutionelle umzuwandeln, aus Österreich einen Verfassungsstaat nach englischem Vorbild zu machen – das waren ihr verhaßte und gefährliche Ideen. Sie waren nach ihrer Überzeugung dazu geeignet, den Untergang des Kaiserreichs einzuleiten. Sophie wollte daran mitwirken, den Spätabsolutismus ohne jegliche Zugeständnisse an demokratische Bestrebungen auf österreichischem Boden zu retten. Das Gottesgnadentum der Majestäten war für sie verbindliches Gesetz. Wer es in Zweifel zog, war für sie ein Staatsfeind.

Der Triumph kam früher als erwartet.

Zwar konnte sie nicht verhindern, daß der kranke Ferdinand nach dem Tod ihres Schwiegervaters Franz I. auf den Kaiserthron kam, doch nach den revolutionären Vorgängen des Jahres 1848 war der schwache Monarch nicht mehr tragbar. Zur Rettung der Krone für die Dynastie mußten die Weichen neu gestellt werden. Ferdinand wurde zum Rücktritt gedrängt, nicht ohne nachhaltige Mitwirkung der Erzherzogin Sophie. Sie hatte dann am 2. Dezember 1848 ihren großen Tag: Ihr Sohn Franz

Ihre Schönheit wurde auf der ganzen Welt bewundert: Kaiserin Elisabeth in ihren ersten Ehejahren. Das Gemälde stammt von Franz Xaver Winterhalter, einem der beliebtesten Portrait-Maler des 19. Jahrhunderts.

Joseph wurde in Olmütz zum Kaiser gekrönt. Franz Joseph war gerade achtzehn Jahre alt.

Sophie hatte ihr Lebensziel erreicht. Wenn sie sich schon einem ungeliebten Mann hingeben mußte, der es trotz anfänglicher Aussichten nicht zum Kaiser gebracht hatte, so stand jetzt ihr geliebter Sohn an der Spitze eines Reiches, das zu den Großmächten Europas gehörte. Das Erreichte galt es jetzt zu bewahren, zu festigen. Nichts durfte das gewonnene Glück stören, am wenigsten eine renitente Schwiegertochter, von der zu befürchten war, daß sie in Sophies Lebensplan zu einem Störfaktor werden könnte.

Hatte Sissi, die bei ihrer Hochzeit noch keine siebzehn Jahre alt und völlig unerfahren war, überhaupt jemals eine Chance, sich gegen diese starke Frau durchzusetzen? Gegen eine Frau, die es gewohnt war, mit eiserner Disziplin um all das zu kämpfen, was ihr erstrebenswert erschien? Sissi hätte vielleicht eine Chance gehabt, wenn sie bei dem Dauerkonflikt mit ihrer Schwiegermutter in ihrem Mann einen entschlossenen Bundesgenossen gefunden hätte. Doch Franz Joseph war – auch das althabsburgische Tradition – wenig entschlußfreudig und außerdem sehr konfliktscheu. Zudem gab ihm seine Mutter unaufhörlich zu verstehen, daß er seine kaiserliche Machtstellung und sein Lebensglück schließlich ihr verdanke. Diese Konstellationen schufen natürlich schlechte Voraussetzungen für ein glückliches Eheleben.

Dennoch hatte Sissi nach den tristen Flitterwochen noch nicht alle Hoffnungen aufgegeben. Sie setzte, ähnlich wie Sophie, zunächst einmal auf die zu erwartenden Kinder. Die erste Schwangerschaft kündigte sich an, und im März 1855 kam eine Tochter zur Welt. Das Mädchen wurde auf den Namen Sophie getauft; Sissi wurde nicht einmal gefragt, ob sie mit dem Namen der ungeliebten Schwiegermutter für ihr erstes Kind einverstanden war. Es stellte sich bald noch deutlicher heraus, daß die Bevormundung der jungen Kaiserin in allen Bereichen ihres Lebens unabwendbar war. Ja, die Bevormundung setzte jetzt erst so richtig ein. Sissi bekam keine Gelegenheit, sich um das Baby zu kümmern: Die Erzherzogin hatte schon lange vor der Geburt alles Notwendige in die Wege geleitet.

Bei der Auswahl der Kinderfrau wurde die Kaiserin rüde umgangen. Ihre Zustimmung war nicht gefragt. Sophie entschloß sich für die Baronin Welden, die Witwe eines verdienten Offiziers, dem sich das Kaiserhaus wegen seiner militärischen Verdienste verpflichtet fühlte. Daß die kinderlose Baronin über keinerlei Kenntnisse im Umgang mit Kindern verfügte, spielte bei diesen Überlegungen keine Rolle.

Die Erzherzogin duldete nicht, daß ihr Enkelkind in der Nähe seiner Eltern untergebracht wurde. Die kaiserliche ›Kinderkammer‹ wurde vielmehr in enger Nachbarschaft zu Sophies Appartements in der Hofburg eingerichtet. Wenn Sissi ihr Neugeborenes sehen wollte, mußte sie erst über steile Treppen in ein anderes Geschoß steigen.

Die Hoffnungen, daß die Geburt eines Kindes den Kaiser dazu veranlassen könnte, seiner Frau jetzt mehr Rückhalt zu geben und zu seiner Mutter auf größere Distanz zu gehen, erfüllten sich für Sissi nicht. Die kleine Sophie wuchs praktisch in der ausschließlichen Obhut ihrer Großmutter auf. Wenn die Kaiserin ihr Töchterchen sehen wollte, brauchte sie dazu eine Genehmigung der Erzherzogin. Und die war bei den Kinderbesuchen immer dabei – wie damals in den Flitterwochen. Auch die Geburt des zweiten Kindes änderte an diesem für Sissi so deprimierenden Zustand nichts. Gisela kam im

Juli 1856 auf die Welt. Auch sie wurde gleich in die kaiserliche ›Kinderkammer‹ gebracht und der Mutter entzogen. Daß die Spannungen wuchsen, war langsam auch für Außenstehende kaum mehr zu übersehen. Der Hofklatsch blühte üppig, er hatte wieder ein ergiebiges Thema gefunden.

Reisen für die Monarchie

Schwer litt Elisabeth in diesen Jahren unter dem stillen Vorwurf, daß sie der Dynastie bisher den dringend gewünschten Thronfolger schuldig geblieben sei. Zwei Mädchen – der Hof zeigte sich enttäuscht. Bösartige Sticheleien folgten, kränkende Kritik kam auf. Das alles setzte Sissis Gesundheit stark zu, von den beiden Geburten erholte sich die junge Kaiserin nur sehr langsam. In dieser schwierigen Phase verhielt sich Sophie gegenüber Sissi nicht gerade schonungsvoll. Denn auch die Erzherzogin bemängelte, daß für den Fortbestand der Dynastie noch kein Sohn geboren worden war. Nur Franz Joseph behielt wie immer seinen Gleichmut. Er ließ sich nur selten aus der Fassung bringen und erfreute sich ganz offensichtlich an seinen Töchtern.

Dem Kaiser konnte allerdings nicht verborgen bleiben, wie sehr seine Frau unter dem Despotismus der strengen Erzherzogin litt. Doch wieder einmal unternahm er nichts, um Sissis Position in der Hofburg zu stärken. Er übersah die Tränen seiner Frau und konzentrierte sich mehr auf ihre Schönheit.

Sissi, die als junges Mädchen nach Wien gekommen war, hatte sich inzwischen zu einer Frau von außerordentlicher Attraktivität entwickelt. Sie war noch gewachsen und überragte mit ihrer Körpergröße von 1,72 Meter ihren Mann um einige Zentimeter. Ihre hohe, schlanke Gestalt, ihr langes dunkelblondes Haar, ihr rassiges Gesicht faszinierten jeden, der ihr begegnete. Vor allem den Kaiser, der Sissi zärtlich liebte, aber hilflos zuschaute, wenn sie wegen ihrer Kinder weinte.

Sie liebte große Hunde, mit denen sie sich auch in den Räumen der Wiener Hofburg gerne umgab: Sissi schätzte den Umgang mit Tieren seit ihren Jugendjahren.

Der Spätsommer 1856 brachte eine Wende. Kaiser Franz Joseph entschloß sich, seine Erbländer Kärnten und Steiermark zu besuchen. Und er riskierte es, gegen den Protest seiner Mutter nicht allein zu reisen. Sissi hatte sich inzwischen von ihren Schwangerschaften erholt und durfte den Kaiser auf der Reise begleiten. Der einzige Grund, weshalb Sophie zustimmte, lag vermutlich in einer politischen Überlegung: Sissis Schönheit sollte in der österreichischen Provinz zum Glanz und Ruhm der Dynastie der Habsburger beitragen.

Die Fahrt durch die Steiermark und durch Kärnten gehört ohne Zweifel zu den wenigen ganz glücklichen Kapiteln in der Geschichte dieser Ehe. Franz Joseph war der zärtliche Liebhaber der sonnigen Ischler Tage, und Elisabeth genoß es auffallend, daß sie endlich einmal der strengen Kontrolle der Schwiegermutter und des Hofstaats entkommen war. Aus der steirischen Bergwelt schrieb der Kaiser seiner Mutter einen Brief, der bei ihr eine schwere Verstimmung auslöste. Aus der Distanz heraus traute sich der sonst so konfliktscheue Monarch, eine eindeutige Forderung zu stellen. Selbstbewußt ordnete er an, daß seine Kinder der Obhut der Großmutter entzogen und künftig in unmittelbarer Nähe der Kaiserin untergebracht werden. Der Krach war da, Erzherzogin Sophie reagierte schwer gekränkt. Doch auch durch die heftigen schriftlichen Proteste ließ sich Franz Joseph nicht mehr umstimmen. Er stand seiner Mutter ja nicht direkt gegenüber und wußte von ihrer schlechten Stimmung nur aus den Briefen, die sie aus Wien schrieb. Darin drohte Sophie mit dem Auszug aus der Hofburg, also mit dem totalen Bruch. Selbst davon ließ sich der Kaiser nicht beeindrucken.

Bei der Reise durch die österreichischen Berge ging Elisabeth endlich wieder einmal das Herz auf. Sie und ihr Mann waren begeisterte Alpinisten, die einzige Leidenschaft übrigens, die beide verband. Hier konnte Sissi so

Die Kaiserin und die Pferde:
Reiten war die große Leidenschaft Elisabeths.
Das Gemälde von Karl von Piloty zeigt sie vor dem
Schloß Possenhofen am Starnberger See.

leben, wie sie das von ihrer Possenhofener Kindheit kannte: In leichter salopper Kleidung bewegte sie sich unter einfachen Menschen, vergaß alle Etikette und blühte sichtlich auf. Auch der sonst so trockene Franz Joseph genoß den neuen Ehefrühling, unternahm mit seiner Frau stundenlange Wanderungen und trug dabei die schlichte Jägertracht, die er bis ins hohe Alter so schätzte. Wie er überhaupt in seinem ganz persönlichen Bereich eine ausgesprochene Abneigung gegen Luxus jeder Art hegte. Das höfische Zeremoniell, die Attribute majestätischer Prachtentfaltung waren im Grunde seine Sache nicht. Wenn er sie in der Wiener Hofburg akzeptierte, so aus Gründen der Staatsraison.

Das große Glück war allerdings nicht von langer Dauer. In Wien hatte sich die Erzherzogin zwar mit den Weisungen des Kaisers inzwischen abgefunden und auf ihre Vormundschaft über die Enkelkinder verzichtet. Aber sie gab nicht auf. Ihr ganzes Interesse galt jetzt dem Kronprinzen, der ja irgendwann einmal kommen mußte. Zudem war die außenpolitische Lage so brisant geworden, daß sich Sophie wieder aufgerufen fühlte, politisch aktiv zu werden. Der inzwischen beendete Krimkrieg zeigte seine Folgen. Österreich war im europäischen Kräftespiel isoliert. Franz Joseph hatte sich nicht dazu entscheiden können, klare Fronten zu beziehen. Der Zar von Rußland war beleidigt, und seine Kriegsgegner Frankreich und England gingen nach dem Balkankonflikt zum Wiener Hof auf Distanz. Sophie schwang sich zur politischen Chefberaterin ihres Sohnes auf, Sissi blieb draußen vor der Tür.

Berühmt waren die knöchellangen Haare Sissis. Die tägliche Pflege der Haarpracht dauerte Stunden. Der Maler Franz Xaver Winterhalter fand in der Kaiserin sein schönstes Modell.

Das süße Weibchen wurde von den Angelegenheiten des Staates ferngehalten.

In Europa hatte sich tatsächlich sehr viel verändert. Nach der Niederlage Rußlands im Krimkrieg 1856 kontrollierte die englisch-französische Allianz den wichtigen Kriegshafen Sebastopol am Schwarzen Meer. Auf dem Kontinent gab es eine neue Großmacht – das Frankreich Napoleons III. Österreichs Einfluß war stark angeschlagen, zumal sich auf dem deutschen Territorium Preußen anschickte, die Führungsrolle zu übernehmen. Europas Hauptstadt war nicht mehr Wien, sondern Paris.

Neue Gefahren drohten in den von Österreich beherrschten Ländern Norditaliens. Die Lombardei und Venetien drangen auf Unabhängigkeit von der Donaumonarchie. Die italienische Einigungsbewegung war sehr aktiv, kräftig unterstützt von der Pariser Regierung, die ein großes Interesse daran hatte, den österreichischen Einfluß in diesen Regionen zu unterlaufen. Die Konfrontation spitzte sich zu, Napoleon III. schürte das Feuer, um die Position Wiens noch weiter zu schwächen. Die Gefahren eines schweren Konflikts zeichneten sich immer deutlicher ab, ein Krieg drohte. Franz Joseph war nicht in der Lage, die Situation auf diplomatischem Weg zu meistern.

Im Winter 1856/57 entschloß er sich in verzweifelter Lage zu einer Reise in den norditalienischen Teil seines vom Zerfall bedrohten Vielvölkerstaats. Sissi sollte ihn begleiten, diesmal wurde ihre Mission vom Wiener Hof ausdrücklich begrüßt. Wieder einmal wurde die schöne Kaiserin als politische Waffe eingesetzt. Von ihrer Ausstrahlungskraft bei großen Empfängen und Truppenparaden versprach man sich eine positive Wirkung auf das gespannte Verhältnis zwischen Wien und den lombardischen und venezianischen Provinzen. Doch die Reise stand unter keinem guten Stern. Trotz Sissis Aktivitäten blieb die Atmosphäre frostig.

Weder in Venedig, noch in Mailand oder Verona unterließ die italienische Aristokratie nichts, um das Wiener Kaiserpaar zu brüskieren. Besonders beleidigend war eine Gala-Vorstellung in der Mailänder Scala. Die feine

Gesellschaft des Adels war erst gar nicht erschienen, sie schickte ihre Dienstboten als Ersatz.

In Italien brodelte es. Die massive Stationierung österreichischer Truppen in den Ländern zwischen Lago Maggiore und Adria, die polizeistaatlichen Kontrollen mit ihrem Spitzelwesen mußte die italienische Bevölkerung als Provokation empfinden. Die Drahtzieher der Einigungsbewegung nutzten diese Unzufriedenheit und unternahmen alles, um die Unruhe anzuheizen. Franz Joseph kehrte mit Sissi frustriert nach Wien zurück.

Doch die Reisediplomatie ging gleich weiter, was die Kaiserin natürlich froh stimmte. Jeder Tag, dem sie Wien fern sein konnte, war für sie ein Gewinn. Denn unterwegs sah sie sich nicht der ständigen argwöhnischen Obhut von Erzherzogin Sophie ausgesetzt, mußte sich nicht in der Hofburg aufhalten, die ihr inzwischen längst zum Kerker geworden war. Und deshalb sagte sie freudig zu, als Franz Joseph die Koffer für Ungarn packen ließ.

Sissi kannte zu diesem Zeitpunkt das Land der Magyaren noch nicht. Und dennoch war es für sie eine Art Sehnsuchtsland. Sie erinnerte sich immer gern der galanten Komplimente, die sie bei ihrer Hochzeit von den Delegationen des Budapester Adels erhalten hatte. Die Magnaten aus dem Land der Puszta erschienen ihr kraftvoller, interessanter, außergewöhnlicher als die Vertreter der österreichischen oder böhmischen Aristokratie. Dazu kam, daß ihre ungeliebte Schwiegermutter die Ungarn haßte. Das allein war schon Grund genug, sie sympathisch zu finden.

Spaziergang
im Park des Schlosses Schönbrunn:
Franz Joseph und Sissi kurz nach der Hochzeit
im Jahr 1854.

Im Frühjahr 1857 begann die Reise nach Budapest. Sie war für Sissi aufregender als die vorangegangenen, weil sie durchsetzen konnte, daß sie diesmal ihre Kinder mitnehmen durfte. Der Protest der Schwiegermutter, die um die Gesundheit von Sophie und Gisela bangte, fand bei Franz Joseph kein Gehör.

Die Erzherzogin verfolgte die neuerlichen Reise-Aktivitäten ihrer Schwiegertochter mit großem Mißtrauen, denn Sissi begann sich zu verändern. Bereits nach ihrer Fahrt durch Kärnten und die Steiermark war ihr Selbstbewußtsein gewachsen. Sie hatte es genossen, überall bewundert zu werden. Das machte die junge österreichische Kaiserin sicherer, und sie riskierte jetzt schon einmal Widerspruch.

Sissi kam beim ungarischen Adel besonders gut an. Ihr war nämlich der Ruf vorausgeeilt, daß sie im Gegensatz zur offiziellen Wiener Politik eine liberale Einstellung bevorzugte. Außerdem sprach sich bei den Gastgebern rasch herum, wie sehr sie bei ihren historischen Studien während ihrer Verlobungszeit die Ungarn zu schätzen gelernt hatte. Ihre Geschichte, ihre Lebensart gewann Sissis volle Sympathie, nicht zuletzt durch den starken Einfluß des Grafen Mailath, der sie damals unterrichtet hatte. Er stammte aus Budapest. Während Sissi auf ihrer Italien-Reise keinen Beitrag zur Entspannung leisten konnte, war jetzt ihre Anwesenheit außerordentlich nützlich.

Die Beziehungen zwischen Österreich und Ungarn waren bei Beginn der Reise sehr gespannt. Die Ursachen lagen im Verhalten des Wiener Kaisers während der Revolution von 1848. Der Unabhängigkeitsdrang der Budapester Stände und der Wunsch nach mehr Selbstbestimmung und nach einer Verfassung wurden damals mit Hilfe russischer Truppen von der Wiener Regierung brutal niedergeschlagen. Viele der politischen Führer wurden hingerichtet, darunter der liberale Ministerpräsident Graf Ladislaus Batthyany. Die Gefängnisse waren voll von verhafteten Unabhängigkeitskämpfern. Einige der führenden Männer des Landes konnten sich nur durch die Flucht ins Ausland retten, darunter Graf Gyulas Andrassy, der nach Paris floh. Graf Andrassy brachte es Jahre später, nicht ohne Sissis aktive Hilfe, zu einer Schlüsselposition im Kaiserreich.

Die Angst der Erzherzogin vor den Folgen der Reisen, die Sissi unternahm, war nicht ganz unbegründet. Abgesehen davon, daß sie immer selbständiger wurde, begann die Kaiserin jetzt auch Franz Joseph zu beeinflussen. Und genau davor fürchtete sich Sophie am meisten. Was sollte nur aus Österreich werden, wenn Sissis liberale Ideen auf Franz Joseph abfärbten? Die Erzherzogin wurde immer mißtrauischer und sah den Fortbestand der Dynastie in Gefahr.

Budapest – das war ein Traum für Sissi. Hier hatte sie neben den offiziellen Verpflichtungen bei Empfängen und Audienzen endlich einmal wieder Gelegenheit, ihre Freizeit auf den Rücken von Pferden zu verbringen. Die ungarischen Gastgeber waren aufmerksam genug, diese Leidenschaft der Kaiserin kräftig zu fördern. Sie organisierten die schönsten Reitausflüge.

Familiäre Idylle:
Sissi mit Franz Joseph und ihren Kindern
Gisela und Rudolf
(auf dem Schaukelpferd).

So erfreulich die Reise begann, so traurig endete sie. Die beiden Kinder wurden krank. Die kleine Sophie bekam so schwere Fieberanfälle, daß man um ihr Leben fürchten mußte. Das Rahmenprogramm mit Ausflügen in die Puszta wurde sofort abgesagt. Sissi verbrachte ihre Zeit nur noch am Krankenlager ihrer Kinder. Während sich Gisela, das jüngere der beiden Mädchen, verhältnismäßig rasch erholte, war Sophie nicht mehr zu retten. Sie starb in den Armen ihrer verzweifelten Mutter am 29. Mai 1857.

Die Rückkehr nach Wien stand im Zeichen von Trauer und Angst. Sissi litt unter schweren Depressionen, schloß sich in ihre Privaträume ein, weinte ganze Tage durch, verweigerte das Essen und zog sich ganz in sich selbst zurück. Selbst von der kleinen Gisela wollte sie in diesen dunklen Wochen nichts mehr wissen. Schuldgefühle quälten sie, aber auch die wiederaufgelebte Angst vor der Schwiegermutter setzten ihr zu. Hatte Sophie nicht recht behalten? Schließlich hatte sie davor gewarnt, die Kinder mit auf die Reise zu nehmen. Die Trauer über den Tod des geliebten Enkelkinds hinderte die Erzherzogin allerdings daran, den Konflikt mit der Schwiegertochter weiter zu schüren.

Das Leben in der Wiener Hofburg ging trotzdem weiter. Im Winter stellten sich bei Sissi wieder Anzeichen einer Schwangerschaft ein. Am 21. August 1858 war es dann soweit. Der Kaiser triumphierte. Österreich hatte einen Thronfolger, Kronprinz Rudolf war geboren. Endlich ein männlicher Nachkomme in der Familie der regie-

Die schöne Schwester Sissis:
Maria Sophia, die Ex-Königin von Neapel-Sizilien.

renden Habsburger – die Schwiegermutter war's zufrieden. Franz Joseph war so glücklich, daß er seiner Frau eine dreireihige Perlenkette im Wert von 75000 Gulden schenkte. Der kleine Prinz wurde schon im Säuglingsalter zum Oberst der österreichischen Armee ernannt. Mit der Wahl des Namens Rudolf sollte ein Zeichen gesetzt werden. Rudolf – so hieß der erste große Habsburger, der im 13. Jahrhundert die Glanzzeit der Dynastie einleitete. Franz Joseph ließ dessen Grabstätte im Dom von Speyer sofort auf seine Kosten umfangreich restaurieren.

Für Sissi begann trotz des glücklichen Ereignisses eine schwere Zeit. Schwangerschaft und Geburt hatten ihrer Gesundheit, die durch Hungerkuren ohnehin stark angeschlagen war, empfindlich zugesetzt. In diesem Zustand der Schwäche fühlte sie sich nicht in der Lage, gegen den Tatendrang der Erzherzogin zu rebellieren. Diese hatte eine neue Aufgabe gefunden: die Erziehung des Kronprinzen zum würdigen Nachfolger ihres Sohnes auf dem Kaiserthron. Das war eine interessante Herausforderung, ein staatspolitisches Programm, zu anspruchsvoll, um es der labilen Schwiegertochter zu überlassen.

Der kleine Rudolf wurde sofort von der Mutter getrennt. Sissi hatte wieder einmal keine Chance, sich durchzusetzen, zumal der Kaiser nichts unternahm, um den kleinen Thronfolger dem Einflußbereich der Erzherzogin zu entziehen.

Franz Joseph hatte zu dieser Zeit ganz andere Sorgen. Der Vielvölkerstaat befand sich in einer sehr ernsten Krise. Die Spannungen in der Lombardei und in Venetien hatten sich inzwischen so zugespitzt, daß niemand mehr an eine friedliche Beilegung des Konflikts glaubte. Es gelang zwar dem Militär, überall aufflammende Aufstände niederzuknüppeln, doch das war auf die Dauer keine Lösung. In den europäischen Hauptstädten verfestigte sich die Überzeugung, daß das österreichische Engagement in Italien keine Zukunft mehr hatte. Jetzt rächten sich die Fehler, die Franz Joseph während der Krimkrise gemacht hatte, besonders nachhaltig. Weder in Paris, noch in London oder Berlin fand seine italienische Politik Unterstüt-

Von Sissi ein Leben lang gehaßt:
Erzherzogin Sophie, die Schwiegermutter der österreichischen Kaiserin.

zung. Auch die süddeutschen Staaten versagten Wien ihren Beistand.

In dieser fatalen Lage riskierte Franz Joseph einen verhängnisvollen Schritt. Er ließ es zum Krieg kommen und gab den Befehl zum Kampf um die Lombardei. Napoleon III. schlug sich auf die Seite der Gegner Österreichs. Ein schrecklicher Krieg tobte im Norden Italiens, an dessen Ende die Wiener Truppen eine schwere Niederlage erlitten, von der sich die Donaumonarchie im Grunde nie mehr richtig erholte. Der Anfang vom Ende des Vielvölkerstaats war eingeläutet.

Zum Oberbefehlshaber der in Italien stationierten Truppen ernannte Franz Joseph den Grafen Gyulai – auf Empfehlung Graf Grünnes und seiner Mutter. Diese Personalentscheidung erwies sich als fatal. Graf Gyula entpuppte sich als glatter Versager. Der Feldherr verbrachte sehr viel Zeit damit, die Tornister seiner Soldaten zu inspizieren, doch bei seinen strategischen Entscheidungen zeigte er keine glückliche Hand. Franz Josephs Truppen wurden zurückgedrängt und vernichtend geschlagen.

In Wien verfolgte Sissi die Entwicklung mit größter Sorge. Franz Joseph hatte sich inzwischen selbst auf den Kriegsschauplatz begeben, um seinen kämpfenden Truppen ein Vorbild zu sein. In vielen Briefen flehte Sissi, ihr Mann möge sie zu sich ins Feldlager holen. Franz Joseph indes lehnte ab und schrieb nach Wien: »Ich kann leider Deinem Wunsch für jetzt nicht entsprechen, so unendlich gern ich es täte. In das bewegte Hauptquartiersleben passen keine Frauen, ich kann meiner Armee nicht mit schlechtem Beispiel vorangehen.« Statt dessen empfahl er seiner Frau, sich in Wien um die Verwundeten des Krieges zu kümmern und Hilfsaktionen einzuleiten.

Am 18. Juni 1859 beging Franz Joseph den wohl verhängnisvollsten Fehler seiner langen Regierungszeit. Er entschloß sich, in aussichtsloser Lage selbst den Oberbefehl zu übernehmen: »Ich will an der Spitze meiner braven Truppen den Kampf fortsetzen, den Österreich für seine Ehre und sein gutes Recht aufzunehmen gezwungen ist.« Für seine maßlose Selbstüberschätzung mußte nicht nur der Kaiser bitter büßen – er stürzte damit Millionen seiner Untertanen ins Unglück. Auf den Schlachtfeldern von Magenta und Solferino starben Hunderttausende von Soldaten bei wüsten Gemetzeln, deren Grausamkeit alle Grausamkeiten bisheriger Kriege übertraf. Die blutige Schlacht von Solferino nahm einen so schrecklichen Verlauf, daß sich der Schweizer Henri Dunant beim Anblick der vielen Sterbenden dazu entschloß, das Rote Kreuz zu gründen.

Die bittere Niederlage hatte dem Ansehen des Kaisers schwer geschadet. Seine militärische Unfähigkeit war endgültig entlarvt, als Feldherr hatte er versagt. Aber auch als Politiker. Denn während er in Italien den Generalissimus spielte, wäre seine Anwesenheit in Wien unverzichtbar gewesen, um dort weiteres Unheil zu verhindern. Das Land litt unter einer schweren Wirtschaftskrise. Die Staatskasse war leer, das Heer konnte vor dem Ausbruch des Krieges nur durch eine hohe Staatsverschuldung finanziert werden – und dieses Heer war jetzt aufgerieben. In weiten Teilen Österreichs herrschte angespannte Lebensmittelknappheit, eine Teuerungswelle war die Folge. Das Ansehen des Kaisers war auf einem Nullpunkt angelangt, die Zukunft der Monarchie aufs äußerste bedroht.

Die Lombardei war für die Donaumonarchie endgültig verloren. Auch Venetien wurde immer unsicherer, sein Verbleib im österreichischen Staatsverband war nur noch eine Frage der Zeit. In Europas Hauptstädten verfolgte man das Desaster des Wiener Kaisers mit großer Genugtuung. Vor allem in Berlin war die Freude groß. Denn diese Entwicklung paßte genau ins preußische Konzept. Je schwächer Österreich war, um so eher konnte Preußen seine Pläne verwirklichen, in Deutschland seinen Führungsanspruch durchzusetzen.

Zuhause in Wien bahnte sich in seinem privaten Bereich eine für Franz Joseph ebenfalls verhängnisvolle Entwicklung an, die ihm neue Sorgenfalten ins Gesicht schnitten. Sissi, die den Kampf gegen die Schwiegermutter um die Erziehungsrechte jetzt endgültig aufgegeben hatte, löste sich mehr und mehr aus dem Familienverband, boykottierte Treffen und begann konsequent ein eigenes Leben aufzubauen. Nach Italien hatte sie zwar noch glühende Liebesbriefe geschrieben, dennoch war der Bruch mit Franz Joseph nicht mehr aufzuhalten.

Sissi beschäftigte sich nur noch mit sich selbst und kümmerte sich intensiv um ihre vielbestaunte Schönheit. Immer in Sorge um ihre Figur, unterzog sie sich strengen Hungerkuren und betrieb strapaziösen Leistungssport. Der bestand im wesentlichen aus Reiten. Graf Grünne konnte dabei helfen. Als Chef der Militärkanzlei wurde er nach der vernichtenden Niederlage in Italien abgesetzt. Er behielt lediglich das Amt des kaiserlichen Oberstallmeisters. Wann immer Sissi gut trainierte Pferde brauchte – Graf Grünne war zur Stelle. Aber auch der aus England stammende Kavalerie-Offizier Henry Holmes tat sein Bestes. Er begleitete die Kaiserin bei stundenlangen Ausritten, was selbstverständlich bei Hofe nicht unbemerkt blieb und Stoff für viele lästerlichen Klatschgeschichten bot.

Franz Joseph, der vor elf Jahren als strahlend junger Kaiser den Thron der Habsburger bestiegen hatte, befand sich in einem ausgesprochenen Stimmungstief. Sein Versuch, durch einen reaktionären Regierungsstil die Macht der Monarchie zu festigen und den Neoabsolutismus nach der Revolution von 1848 wieder zu etablieren, war gescheitert. Das Ansehen der Dynastie in der Bevölkerung sank rapide, das Haus Habsburg wurde Zielscheibe beißender Kritik.

Die Krise des Kaiserhauses förderte Sissis Neigung, sich immer weiter ins innere Exil zurückzuziehen. Die Kraft zum offenen Protest fand sie zwar nicht, doch ihre künftige Rolle in der Hofburg wollte sie sich nicht mehr vorschreiben lassen. Die Kaiserin stellte klar, daß sie es leid war, weiterhin die Funktion der still duldenden Ehefrau und der Habsburger Bruthenne zu übernehmen.

Sissis Fluchten

Franz Joseph hatte begriffen, daß er nicht zum Kriegshelden geboren war. Seine Welt waren nicht die Schlachtfelder, seine Welt war ab sofort ausschließlich der nüchterne Schreibtisch in der Wiener Hofburg. Verzweiflung empfand er nach der Niederlage von Solferino nicht, emotionale Ausbrüche waren ihm fremd. Er war auch nicht fähig, Selbstkritik zu üben und jetzt fällige Konsequenzen aus dem schweren Desaster zu ziehen, zum Beispiel sich selbst einzugestehen, daß die Zeit des Absolutismus endgültig abgelaufen war. Anstatt seine Politik einer gründlichen Reform zu unterziehen, machte er nur zaghafte Zugeständnisse an den Zeitgeist. Und der forderte die überfällige Neuordnung des Staatswesens. Franz Joseph dachte so: ein bißchen Verfassung ja, aber um Gotteswillen keine grundlegenden Veränderungen. Staubtrocken wie er war, verkroch sich der Kaiser hinter seinen Aktenbergen – und entschloß sich dazu, die Krise auszusitzen. Freilich ganz so puritanisch, wie er sich gab, lebte der Monarch nicht. Der Kaiser, jetzt ein Mensch im besten Mannesalter, suchte zur Zerstreuung das kleine Amüsement. Zerstreuung fand er beispielsweise bei gelegentlichen kleinen Abenteuern mit schönen Frauen. Bei der Vermittlung willfähriger Damen soll Graf Grünne, der gefeuerte frühere Chefberater, sehr hilfreich gewesen sein. Er arrangierte diskret das eine und das andere Rendezvous.

Sissi hatte begriffen, daß sie weder vom Hof noch vom Kaiser ernst genommen wurde. Bei politischen Krisen fand sie sich aus dem Kreis der Berater ausgeschlossen,

Weihnachtsabend in der Wiener Hofburg:
Das Kaiserpaar mit den Töchtern Marie-Valerie,
Gisela sowie Kronprinz Rudolf und
dessen Frau Stephanie.

sie war unerwünscht. Das mußte eine stolze Frau, die inzwischen viel Selbstbewußtsein entwickelt hatte, stark irritieren, ja beleidigen. Der Zeitpunkt mußte also kommen, an dem die Ehekrise offen ausbrach. Zu der Enttäuschung darüber, daß sie nicht ernst genommen wurde, wenn schwerwiegendere Probleme anstanden, kam eine andere große Enttäuschung. Sie erfuhr von den Liebesaffären ihres Mannes. Ihre Eifersucht war groß, noch größer aber der Zorn darüber, wie der Hof die kaiserlichen Seitensprünge beurteilte. Das offizielle Wien nahm Franz Joseph seine Amouren nämlich keineswegs übel, einem Monarchen gestand man Abenteuer dieser Art zu. Der Kaiser – so die allgemeine Meinung – hatte nach den vielen politischen Enttäuschungen sozusagen ein Recht auf Zerstreuung. Für die wütende Reaktion Sissis brachte niemand Verständnis auf.

Die Ehe Franz Josephs war eine staatspolitische Angelegenheit, die kleinen privaten Extravaganzen der Majestät eigneten sich nicht zum Skandal, geschweige denn zu persönlichen Tragödien.

Elisabeth sah das ganz anders, und die Reaktion der Hofburg traf sie schwer. Sie hatte die Ehe mit Franz Joseph nicht als monarchische Pflichterfüllung aufgefaßt. In erster Linie heiratete sie aus Liebe, nicht aus dynastischen Interessen. Die Zukunft des Hauses Habsburg war ihr ziemlich gleichgültig gewesen, als sie damals in Ischl dem Kaiser von Österreich begegnet war und sich rasch in ihn verliebt hatte. Den Kampf gegen die Schwiegermutter hatte sie erduldet, fast immer schweigend. Unterstützung von ihrem Mann hatte sie in diesem heiklen Konflikt nie erhalten. Und jetzt wurde sie auch noch von ihm betrogen.

Aber der Hofstaat blieb dabei, daß eine Frau die Seitensprünge ihres Mannes still zu dulden habe. Wer von dieser Regel abwich, verletzte die Grundregeln des gesellschaftlichen Zusammenspiels. Wenn sich eine Frau ihrerseits durch einen heißen Flirt revanchierte, stieß dies auf absolutes Unverständnis. Ein solches Verhalten paßte nicht ins Regularium der feinen Sitten. Sissi dachte im übrigen keineswegs an außereheliche Abenteuer. Sie litt unter schweren Depressionen und suchte zunächst einmal die Flucht in Krankheiten.

Im Herbst 1860 stellten Ärzte fest, daß die Lunge der Kaiserin zu großer Sorge Anlaß gab. Sissi litt unter pausenlosen Hustenanfällen, sie wurde immer schwächer und war kaum mehr ansprechbar. Ein Ortswechsel war fällig, den Winter wollte sie auf keinen Fall in Wien verbringen. Ob es die Empfehlungen der Ärzte waren oder ob sie selbst auf die Idee kam, läßt sich nicht mehr so genau feststellen, aber eines stand für die Kaiserin ziemlich schnell fest: Das Reiseziel mußte die Insel Madeira im Atlantik sein. Es gab zwar erhebliche Zweifel daran, ob zur Heilung von Sissis Krankheit ausgerechnet das rauhe Klima dieser Insel das Richtige sei, zumal sich innerhalb der österreichischen Grenzen auch andere Orte für einen Kuraufenthalt hätten finden lasen, doch es blieb bei Madeira, und die notwendigen Vorbereitungen wurden getroffen.

Die Elisabethbrücke in Wien:
Sie wurde beim Einzug Sissis in die österreichische Hauptstadt im Jahr 1854 eingeweiht.

Es war eine Selbstverständlichkeit, daß Elisabeth nicht allein reiste, sondern zumindest ein kleineres Gefolge als Begleitung brauchte. Bei einem größeren Kraftakt gegen Erzherzogin Sophie schaffte es Sissi, die verhaßte Oberhofmeisterin Esterhazy auszuschalten. Statt dessen sollte sich Gräfin Windischgrätz, eine enge Vertraute der Kaiserin, um die Patientin kümmern.

Die Erkrankung der Kaiserin, die offiziell als ›Lungenaffektion‹ bezeichnet wurde, sorgte in der europäischen Presse für Schlagzeilen. Selbst am Hof von London machte man sich Sorgen. Königin Victoria stellte spontan eine Yacht zur Verfügung, um die Schiffsreise über den Atlantik zu ermöglichen. Die österreichische Flotte verfügte damals über kein geeignetes Schiff. Über Bamberg, wohin Sissi vom Kaiser begleitet wurde, führte die Reise zunächst nach Antwerpen, wo sie von der britischen Schiffsbesatzung erwartet wurde.

Sechs Monate lang war Sissi auf Madeira. In Wien glaubte zuletzt niemand mehr an eine ernsthafte Erkrankung. Die Reise wurde als Flucht aus einer schweren Ehekrise gedeutet, als Flucht vor der Schwiegermutter und dem Wiener Hof. Die Monate auf der Atlantik-Insel waren für Sissis Begleitung von gähnender Langeweile. Sissi versuchte sich auf der Mandoline und ließ sich in der ungarischen Sprache unterweisen. Graf Imre Hunyadi aus Budapest leitete den Unterricht – und verliebte sich prompt in die Kaiserin. Der kaiserlichen Kanzlei in Wien blieb die Schwärmerei nicht verborgen, was zur Folge hatte, daß der Graf sofort zurückgerufen wurde.

Gründete nach der
Schlacht von Solferino das Rote Kreuz:
Henri Dunant.

Der Kontakt zu Wien war trotz der großen Entfernung sehr intensiv. Dem Hof blieb keine Regung der Kaiserin verborgen. Kuriere mit den wichtigsten Nachrichten waren ständig unterwegs und hielten den Kaiser auf dem laufenden. Über die Trostlosigkeit des Winters auf Madeira berichtete Graf Nobili: »Die Einwohner beiderlei Geschlechts, gelbledern und von einer unerlaubten Häßlichkeit, die Stadt Funchal schmutzig, mit kleinen Steinen gepflastert, zum Flanieren ungeeignet. Kaufläden ärmlich ausgestattet. Geselliger Umgang keinen.« Graf Nobili war es, der zu Weihnachten 1860 mit einem Christbaum aus dem Park von Schloß Laxenburg im persönlichen Auftrag des Kaisers auf die Atlantik-Insel geschickt worden war.

Die Briefe, die Sissi nach Hause schickte, waren freundlich, aber kühl. Unter der Trennung von ihren Kindern litt die Kaiserin offensichtlich nicht besonders. Erst im Mai 1861 dachte sie an die Heimreise. Franz Joseph holte seine Frau in Triest ab, ganz in der Hoffnung, daß die zeitliche und räumliche Distanz hilfreich für das künftige Eheleben gewesen war.

Doch diese Hoffnung erwies sich als trügerisch. Zuhause in Wien wurde die Kaiserin von neuen schweren Depressionen befallen und hatte damit Anlaß, ihre Schlafzimmertür vor dem Kaiser zu versperren. Diesmal war der Gesundheitszustand Sissis aber so bedenklich, daß bereits Gerüchte von der sterbenden Kaiserin die Runde machten. Die behandelnden Ärzte gerieten in Panik. Von einem gespielten, vorgetäuschten Leiden konnte keine Rede mehr sein.

Diesmal suchte Sissi Trost und Heilung auf der griechischen Insel Korfu. Bei der Abreise in Wien gingen viele ihrer Familienangehörigen davon aus, daß es ein Abschied für immer sei. Selbst Erzherzogin Sophie war in großer Auflösung und vergaß ihren ganzen Hader mit der verhaßten Schwiegertochter. Allgemein herrschte die Meinung, daß Sissi nur noch wenige Monate zu leben hatte. Der Kaiser war verzweifelt, die Kinder fassungslos und auch Elisabeth rechnete mit ihrem baldigen Tod.

Wieder wurde ein kleines Gefolge zusammengestellt, um die Monarchin bei ihrer schweren Reise zu begleiten.

Grande Dame in Schwarz:
Kaiserin Elisabeth als reife Frau.
Am liebsten trug Sissi dunkle Kleider, die ihre schlanke Figur besonders zur Geltung brachten.

Nur sehr schleppend ging die Genesung auf Korfu voran. Die Kaiserin war von Magersucht befallen, ihr Körper von Hungerödemen gezeichnet. In ihren Beinen hatte Sissi so viel Wasser, daß an Wanderungen überhaupt nicht mehr zu denken war. Die Briefe, die sie nach Wien schrieb, zeugten von ihrer tiefen Niedergeschlagenheit, von ihrem Lebensüberdruß. Niemand in ihrer Umgebung glaubte daran, daß die Ehe mit dem Kaiser noch zu retten sei.

Franz Joseph schickte in seiner Not den Grafen Grünne nach Korfu, der vermitteln sollte. In der entspannten Atmosphäre Griechenlands, so hoffte der Kaiser, könnten Gespräche mit einem Vertrauten zu Wegen aus der Krise führen. Graf Grünne, der frühere Generaladjutant am Wiener Hof, kannte Sissi seit der Verlobung in Ischl und erschien dem Monarchen schon deshalb als der richtige Mann.

Doch die Sondermission Grünnes erwies sich als glatter Fehlschlag. Sissi und der Graf schieden nach ihren Unterredungen als Feinde, die Kaiserin wollte ihren früheren Vertrauten niemals wiedersehen.

Es gehört zu den vielen Rätseln in Elisabeths Leben, was zu diesem totalen Bruch geführt hat. Verschlüsselte Bemerkungen der Hofdamen deuten lediglich darauf hin, daß der Graf in taktloser Weise über das Sexualleben des Kaisers geplaudert hat und Sissi vorsichtige Ratschläge gab, wie sie sich selbst schadlos halten könne. Die Kaiserin war jedenfalls so gekränkt, daß sie zu Grünne alle Brücken abbrach.

Auf dem Rücken der Pferde suchte sie Trost:
Sissi galt als eine der besten Reiterinnen der Welt.
Sie schreckte vor keinem Hindernis zurück,
Parforce-Jagden waren ihre Spezialität.

War es der Aufenthalt auf Korfu, war es eine anschließende Kur in Bad Kissingen mit ihrem Vater Herzog Max? Als die Kaiserin am Geburtstag Franz Josephs am 18. August 1862 nach Wien zurückkehrte, schien ihre Gesundheit wieder hergestellt. Sissi hatte sich allerdings stark verändert, ihre Gesichtszüge waren härter geworden, ihre Angstzustände waren verflogen, sie wirkte so selbstsicher wie nie zuvor.

Dennoch suchte Elisabeth immer neue Fluchten. Denn mit Wien konnte sie sich nicht mehr versöhnen, und ihre Ehe fand nur noch aus großer Distanz statt. Die nächste längere Reise führte sie nach Ungarn, genauer auf den Landsitz Gödöllö in der Nähe von Budapest. Man schrieb das Jahr 1867, als sich die österreichische Kaiserin auf das von ihr besonders geliebte Gut zurückzog, um wieder einmal dem verhaßten Hofzeremoniell zu entrinnen. Hier, in ländlicher Umgebung, brauchte sie keinerlei Rücksichten auf das Protokoll zu nehmen, hier konnte sie so leben, wie sie wollte – einfach, heiter, unkonventionell. Und hier fand sie vor allem Pferde. Nach den Jahren körperlicher Krisen suchte die Kaiserin ihr Heil jetzt im Reitsport. Und den betrieb sie intensiv. Graf Nikolaus Esterhazy, der ganz in der Nähe über ein bekanntes Gestüt verfügte, ließ es sich zur Ehre gereichen, der attraktiven Sissi auszuhelfen, indem er ihr seine Vollblutzucht zur Verfügung stellte.

Kaum ein Tag, an dem Graf Esterhazy nicht mir ihr ausgeritten wäre. Der Gründer des Wiener Jockey-Clubs war ein Profi im Sattel, galt als Star auf allen wichtigen Rennplätzen Europas, als eleganter geistreicher Gesellschafter in den Salons von Budapest und Wien. An seiner Seite fühlte sich Sissi herausgefordert, ihre Reitkünste zu verbessern. Und sie schonte sich nicht und entwickelte einen geradezu verbissenen Ehrgeiz, sportliche Hochleistungen zu vollbringen. Auch Graf Andrassy schaute oft vorbei, der frühere Revolutionär.

War schon die Begegnung mit diesen beiden ungarischen Aristokraten Anlaß genug für viel despektierliche Kritik in Wien, so stieß der häufige Umgang mit anderen Angehörigen großer Budapester Familien in der Umgebung des Kaisers auf noch schärfere Ablehnung. Graf Elemer Batthyány, ebenso ein Pferdenarr wie Sissi, war der Sohn des früheren ungarischen Ministerpräsidenten, der im Jahr 1848 als Freiheitskämpfer von Franz Joseph zum Tode verurteilt worden war. Daß die Kaiserin auf dem Landsitz engen Kontakt zu dem Nachkommen des Hochverräters pflegte, wurde als Affront gegen die Monarchie gewertet.

Sissi machte allerdings nie einen Hehl daraus, daß sie große Sympathien für den Freiheitswillen der Ungarn empfand; es gehörte zu ihrem liberalen Selbstverständnis, mit wichtigen Männern dieses Landes in Kontakt zu bleiben. Weit von Wien entfernt, genoß sie es, souverän zu entscheiden und souverän zu handeln.

Ziemliches Entsetzen löste es aus, als Elisabeth daran ging, in ihrem Landsitz eine Zirkusmanege einbauen zu lassen, genauso wie es ihr Vater in seinem Münchner Palais ihr vorgemacht hatte. Um Leben in die Manege zu bringen, schaffte sie richtige Zirkuspferde an, auf denen sie zum Entzücken ihrer Gäste die Hohe Schule ritt. Ihr größtes Vergnügen waren die Auftritte von Zigeunermusikern, die sie auf ihre Kosten oft tagelang verköstigte.

Sissis Ehrgeiz als Reiterin war inzwischen so angestachelt worden, daß ihr die Parforceritte in Ungarn nicht mehr genügten. Alles mußte noch professioneller werden, noch waghalsiger, noch gefährlicher. Denn Elisabeth liebte die Herausforderung. Es bedurfte allerdings größerer Überredungskünste, ehe Franz Joseph zum nächsten Reiseplan seine Zustimmung gab. Diesmal sollte es England sein, das Mutterland des modernen Reitsports.

Den Aufenthalt in Großbritannien konnte Elisabeth damit begründen, daß sie ihre jüngere Schwester Marie wiedersehen wollte, die auf der Insel Wight lebte. Marie, die Ex-Königin von Neapel-Sizilien, war durch Garibaldis erfolgreichen süditalienischen Feldzug zusammen mit ihrem höchst unbedeutenden Ehemann ins britische Exil gezwungen worden. Das Pariser Bankhaus Rothschild kam für die Unkosten der Hofhaltung auf. Marie brauchte an nichts zu sparen und genoß ein Leben in verschwenderischem Luxus.

Unter dem Decknamen Gräfin Hohenembs begab sich Sissi im Sommer 1874 nach Südengland, um sich in der Kunst der Parforcejagd weiter zu vervollkommnen. Franz Joseph betrachtete die Pferdeleidenschaft seiner Frau mit geduldigem Mißvergnügen und wagte es nicht, der Kaiserin diesen Spaß zu verbieten, auch wenn er höchst kostspielig war. Das teure Hobby fand auch bei der Wiener Bevölkerung wenig Verständnis, denn das Land hatte schließlich noch immer an den bitteren Folgen des Italienfeldzugs zu leiden. Die Kritik an Sissi wurde immer massiver, auch die Presse hielt sich nicht mehr zurück.

Rücksichtnahmen auf diplomatische Notwendigkeiten kannte Sissi in dieser Zeit nicht mehr. Nach allgemeiner Einschätzung wäre die österreichische Kaiserin gut beraten gewesen, wenn sie die Ferien in England dazu genutzt hätte, Königin Victoria mit einer gewissen Höflich-

Die Sommerresidenz der Habsburger:
Schloß Schönbrunn mit der Gloriette im Hintergrund.
Der Stahlstich stammt aus der Zeit Sissis.

keit zu behandeln. Doch daran dachte Elisabeth nicht. Sie sagte fest geplante Festessen ab, überfiel die Queen unangemeldet zu den unpassendsten Zeiten und brauchte sich deshalb nicht zu wundern, daß Victoria schlecht auf sie zu sprechen war. Die Kritik im Buckingham-Palast fiel dementsprechend unfreundlich aus. In einem Brief merkte die englische Monarchin an: »Die Kaiserin bestand darauf, mich heute zu sehen. Ich kann sie nicht eine große Schönheit nennen. Sie hat eine schöne Figur, eine schöne Haut und hübsche kleine Augen und eine nicht sehr hübsche Nase. Ich muß sagen, daß sie in grande Tenue, wenn sie mit ihrem schönen Haar zu sehen ist, was zu ihrem Vorteil ist, besser aussieht. Ich finde die Prinzessin von Wales viel hübscher als die Kaiserin.«

Die abfälligen Bemerkungen der Queen bedürfen der Erklärung. Victoria war verärgert über das taktlose Verhalten Sissis, was den Blick der Queen sicher trübte. Zudem mußte die makellose Erscheinung der hochgewachsenen österreichischen Kaiserin auf die dickliche kleine Königin von England wie eine Herausforderung gewirkt haben.

Der erste Aufenthalt in England war für Elisabeth in sportlicher Hinsicht so aufregend, daß sie ihm einen zweiten folgen ließ. Im Sommer 1876 ließ sie wieder die Koffer packen, um sich auf dem Landsitz Easton Neston in Towcester für längere Reiterferien einzurichten. Diesmal kam freilich noch eine pikante Note hinzu, die viel Stoff für allerlei Spekulationen lieferte. Sissi engagierte einen Vorreiter, den rothaarigen, durchtrainierten englischen Offizier Bay Middleton, der die Aufgabe hatte, die Kaiserin aus Wien für das Hindernisrennen fit zu machen. Elisabeth schonte sich nicht, sie hetzte ihre Pferde über die gefährlichsten Barrieren und nahm sogar Knochenbrüche in Kauf. Dem kleinen Hofstaat, der sie auch diesmal begleitete, verschlug es den Atem. Der Kaiser wurde über die riskanten, oft sogar lebensgefährlichen Unternehmungen seiner Frau informiert. Besorgte und ermahnende Briefe kamen aus Wien. Doch Sissi dachte nicht daran, ihre Leidenschaft zu zügeln.

Im Gegenteil. Ihr Perfektionsdrang war jetzt erst so richtig erwacht. Die Kaiserin gehörte inzwischen zu den führenden und bewunderten Reiterinnen Europas. Die Liebe zu den Pferden kostete freilich viel Geld, immer neue Hengste mußten gekauft und von geschultem Personal zugeritten werden. Daß Franz Joseph indessen ziemlich vereinsamt in Wien saß und den Niedergang der Monarchie aufzuhalten versuchte, spielte in der Vorstellungswelt seiner Frau keine Rolle mehr. Auch das Heimweh nach ihren Kindern hielt sich sehr in Grenzen. Wichtiger waren gepflegte Pferde und gut ausgestattete Stallungen.

Die Finanzierung ihrer kostspieligen Freizeitbeschäftigung war übrigens inzwischen kein Problem mehr. Seit einem Jahr verfügte der Kaiser nämlich über ein gewaltiges Privatvermögen, denn 1875 war sein Vorgänger auf dem Habsburger Thron, Ex-Kaiser Ferdinand, in geistiger Umnachtung gestorben und hatte seinen Neffen Franz Joseph zum Universalerben eingesetzt.

Als Franz Joseph im Jahre 1848 den Thron bestiegen hatte, besaß er zwar alle Macht über die Länder des Habsburger Reichs, doch das Familienvermögen war im Besitz des abgedankten Ferdinand geblieben. Dieses Vermögen bestand vor allem aus einem riesigen Landbesitz, der jährlich Unsummen abwarf, die dem regierenden Monarchen aber nicht zugänglich waren. In seinem privaten Bereich hatte Franz Joseph deshalb in den zurückliegenden 27 Regierungsjahren verhältnismäßig bescheiden leben müssen, selbst der Ankauf der Ischler Sommervilla war bereits an die Grenzen der finanziellen Möglichkeiten des Kaisers gestoßen.

Doch ab 1875 änderte sich das. Franz Joseph war auf einmal ein reicher Mann. Eine seiner ersten Maßnahmen bestand darin, die jährliche Apanage der Kaiserin von bisher 100000 Gulden auf 300000 Gulden zu erhöhen. Außerdem überschrieb er seiner Frau ein Vermögen von zwei Millionen Gulden zur ganz persönlichen Nutzung.

Sissi hatte Verwendung für so viel Geld, denn die von ihr geschätzten Rassepferde waren auch damals schon teuer. Doch niemand kann behaupten, daß die Kaiserin mit ihrem Vermögen leichtfertig umgegangen wäre. Das meiste legte sie in Wertpapieren und auf Schweizer Konten an. Bei der Wiener Sparkasse eröffnete sie ein Konto unter dem Decknamen Hermenegilde Haraszti. Wie gut Sissi mit Geld umgehen konnte, stellte sich bei ihrem Tod heraus. Sie hinterließ gewaltige Summen.

So sehr Elisabeth in früheren Jahren unter chronischen Krankheiten gelitten hatte, so gut fühlte sie sich am Ende der siebziger Jahre. Durch das Reiten war ihr Körper gestählt und durchtrainiert. Von häufigem Unwohlsein war keine Rede mehr. Im Gegenteil, Elisabeth war so fit, daß sie trotz der Warnungen ihrer Verwandtschaft in den Jahren 1879 und 1880 noch einmal zu ausgedehnten Reiterferien aufbrach. Diesmal allerdings nach Irland, denn der ständige Ärger mit dem Königshaus in London hatte ihr die Aufenthalte in England verleidet.

Wieder war ihr Lieblingstrainer Bay Middleton ihr ständiger Begleiter. Die Wiener Gesellschaft, bei der sich die Reiterfreundschaft mit einem bürgerlichen Offizier längst herumgesprochen hatte, nahm Anstoß. Der Umgang mit diesem derben Naturburschen wurde als grobe Taktlosigkeit gegenüber dem Kaiser empfunden. Doch noch weit schwerer wogen die politischen Bedenken gegen die Reisen nach Irland, wo sich die Terroranschläge aus Protest gegen die Bevormundung durch die Londoner Regierung inzwischen häuften und zu einer Herausforderung für die Monarchie wurden. Kein Wunder, daß die herzliche Freundlichkeit, mit der die österreichische Kaiserin ihre irischen Gastgeber behandelte, im Buckingham-Palast als Provokation empfunden wurde. Die Botschafter in London und Wien rieten zu mehr Zurückhaltung und ließen durchblicken, daß es ratsam wäre, Irland künftig nicht mehr als Reiseziel zu wählen. Elisabeth mußte sich dem diplomatischen Druck beugen.

Kritik kam aber nicht nur aus politischen Kreisen. Kritik kam auch ziemlich unverblümt aus dem Volk. Auch wenn die Kaiserin ihr Hobby inzwischen aus eigener

Tasche bezahlte, hatte man in Österreich kein Verständnis mehr für die großen Ausgaben. Das Geld – so die allgemeine Meinung – könnte die Kaiserin nutzbringender anlegen. Graf Crenneville faßte das allgemeine Unbehagen so zusammen: »Welchen Effekt würde es gemacht haben, wenn man diese Reisekosten unter die Hilfskomitees der Monarchie verteilt hätte, wieviel Hunger gestillt, wie viel Segen des Himmels für die Wohltäterin gesendet?«

Die Tragödie des Thronfolgers

Zu keinem ihrer Kinder hatte Elisabeth ein so kompliziertes Verhältnis wie zu Kronprinz Rudolf, der am 21. August 1858 auf Schloß Laxenburg zur Welt gekommen war – in dem Gebäude also, in dessen düsterer Atmosphäre die junge Kaiserin ihre unglücklichen Flitterwochen verbracht hatte. War es die bei ihr bereits stark fortgeschrittene Resignation, war es Mutlosigkeit oder Bequemlichkeit? Weshalb Sissi den Kampf um die Erziehung des kleinen Prinzen gegen ihre Schwiegermutter gleich nach der Geburt aufgegeben hat, gehört zu den vielen Rätseln der österreichischen Kaiserin. Ohne erkennbaren Widerstand überließ sie die Fürsorge für das Baby der gehaßten Erzherzogin. Sie schaltete auch den Kaiser nicht mehr ein, um diese Entwicklung zu stoppen. Elisabeth fügte sich in ihr Schicksal – schön und schwermütig.

Für die Erzherzogin Sophie kam es gerade recht, daß sie von ihrer Schwiegertochter keinen Ärger mehr zu erwarten hatte. So konnte sie sich ungehemmt ihrer neuen Herausforderung stellen. Sophie war gerade dreiundfünfzig Jahre alt und fühlte sich noch voller Tatendrang. Die neue Herausforderung – das war für sie die Erziehung des Thronerben zu einem tüchtigen Nachfolger ihres Sohnes Franz Joseph. Ihre wichtigste Aufgabe sah sie darin, das Kind so wenig wie möglich dem in ihren Augen verderblichen Einfluß Sissis auszusetzen. Und deshalb wurden die Kontakte zwischen Mutter und Sohn auf ein gerade noch zu vertretendes Minimum beschränkt. Nur eine harte Erziehung, das stand für die

Kinderjahre
auf Schloß Laxenburg:
Kronprinz Rudolf und seine Schwester
Gisela.

Erzherzogin fest, konnte Rudolf zu einer Herrscher-Persönlichkeit formen, die später in der Lage sein würde, das Haus Habsburg zu retten.

Diese Einstellung deckte sich mit der des Kaisers. Daß er seinen Sohn gleich nach der Geburt zum Oberst ernannte, setzte ein erstes Zeichen. Nach Franz Josephs Willen sollte der Kronprinz die militärische Laufbahn einschlagen, denn für die Macht der Monarchie war die Stärke des Heeres ein wichtiger Stützpfeiler.

Kaum war Rudolf den ersten Kindheitstagen entwachsen, wurde er dem Grafen Gondrecourt anvertraut, einem verdienten Offizier, dessen Strenge bei den Truppen gefürchtet war. Gondrecourt war ein Mann von stählerner Härte, todesmutig und verwegen. Franz Joseph bewunderte ihn als alten Haudegen, das war ein Offizier so ganz nach seinem Geschmack. Genauso wünschte er sich seinen Sohn, hart, konsequent und diszipliniert.

Sehr rasch stellte sich jedoch heraus, daß der Kronprinz in dieses vorgegebene Schema überhaupt nicht paßte. Rudolf war sensibel, leicht kränklich, sehr phantasiebegabt und gemütvoll. In seinem ganzen Wesen glich er seiner Mutter, zu der er sich auch stark hingezogen fühlte.

Doch Sissi geizte gegenüber ihrem Sohn mit Mutterliebe. Und zunächst hatte sie auch gar nichts dagegen, daß ihr Kind schon in ganz jungen Jahren wie ein Soldat behandelt wurde. Um ihn abzuhärten, veranstaltete der militärische Erzieher mit dem kleinen Rudolf halsbrecherische Übungen, die man heute als Überlebenstraining be-

Führten eine unglückliche Ehe: Kronprinz Rudolf und seine Frau Stephanie, die Tochter des belgischen Königs Leopold III.

zeichnen würde. Der Kronprinz mußte bei Eiseskälte ohne jeglichen Schutz im Wald übernachten, riskante Pistolenspiele über sich ergehen lassen und Gewaltmärsche absolvieren, die für ein Kind lebensgefährlich waren. Erst als der Gesundheitszustand Rudolfs sehr bedenklich wurde, schaltete sich Sissi ein. Jetzt auf einmal protestierte sie heftig gegen die brutale Erziehungsmethoden.

Die Kaiserin stellte ein Ultimatum, und zwar in einer Schärfe, die für sie ungewöhnlich war. Sissi drohte ihrem Mann, ihn sofort zu verlassen, wenn Graf Gondrecourt nicht sofort abgelöst würde. Der Kaiser kapitulierte. Oberst Graf Latour rückte nach und wurde Rudolfs neuer Erzieher.

Mit welcher Vehemenz Elisabeth diesmal eingriff, geht aus einem Brief hervor, den sie dem Kaiser schrieb. In seltener Direktheit forderte sie: »Ich wünsche, daß mir vorbehalten bleibe unumschränkte Vollmacht in allem, was die Kinder betrifft, die Wahl ihrer Umgebung, den Ort ihres Aufenthalts, die komplette Leitung der Erziehung, mit einem Wort, alles bleibt mir ganz allein zu bestimmen, bis zum Moment der Volljährigkeit. Ferner wünsche ich, daß, was immer meine persönlichen Angelegenheiten betrifft, wie unter anderem die Wahl meiner Umgebung, den Ort meines Aufenthalts, alle Anordnungen im Haus mir allein zu bestimmen vorbehalten bleibt.«

Diese Sprache war eindeutig. Konsequent hielt sich Elisabeth an den von ihr gesteckten Rahmen, vor allem wenn es um ihre ›persönlichen Angelegenheiten‹ ging. Sie entschied allein, wohin sie reiste und wem sie ihre Gunstbeweise zu schenken geruhte. Was ›die komplette Erziehung‹ ihrer Kinder betraf, verhielt sich Sissi lockerer. Ihre ausgedehnten Auslandsaufenthalte genoß sie am liebsten ohne die Töchter und ohne den Sohn.

Aber immerhin, durch das entschlossene Eingreifen seiner Mutter war Kronprinz Rudolf zunächst einmal gerettet. Graf Latour war das genaue Gegenteil seines Vor-

Die Geliebte des Kronprinzen Rudolf:
Baroness Mary Vetsera.
Beide begingen am 30. Januar 1889 auf Schloß Mayerling
bei Wien Selbstmord.

gängers, alles andere als ein gnadenloser Zuchtmeister. Er war ein Pädagoge von großem Einfühlungsvermögen und umfassender Bildung. Latour entsprach in seinem ganzen Habitus genau den Vorstellungen Sissis, vor allem aber auch ihren politischen Grundsätzen. Die Welt des Prinzenerziehers war nicht die alte Habsburger Ständeordnung, die er für einen Anachronismus hielt. Was Rudolf bei den gelegentlichen Begegnungen mit seiner Mutter nur gefühlsmäßig vermittelt bekam, gewann jetzt intellektuelle Kontur. Der Kronprinz knüpfte Kontakte zu den bürgerlich liberalen Kreisen Wiens, denen auch Sissi nahestand. Sie beschäftigte sich in diesen Jahren viel mit republikanischen Ideen. Die Republik als Basis eines modernen, zeitgemäßen Staatsgebildes – das war später auch der Traum des Habsburger Thronfolgers, der sich sehr wohl vorstellen konnte, als Präsident eines demokratisch regierten Landes zu amtieren.

Durch die aufgeklärte Haltung des Grafen Latour wurde bei Rudolf auch das Interesse an den Wissenschaften geweckt. Der hochbegabte Kronprinz, der im übrigen schon als Zwölfjähriger vier Sprachen nahezu perfekt beherrschte, entdeckte vor allem seine Neigung zur Zoologie. Vielleicht schlug dabei die ausgeprägte Tierliebe seiner Mutter durch. Als junger Mann war Rudolf eng mit Alfred Brehm befreundet, an dessen grundlegendem Werk ›Tierleben‹ er wissenschaftlich mitgearbeitet hat.

Doch trotz der Intervention der Mutter konnte Rudolf die Wünsche seines Vaters nicht ganz zur Seite schieben. Franz Joseph bestand weiter auf einer militärischen Ausbildung. Ein Studium an der Universität, das sich der Kronprinz so dringend gewünscht hatte, wurde ihm verboten. Dieser Bildungsweg war nach Meinung des Kaisers für einen Habsburger nicht standesgemäß. Mit großen Frustrationen brachte es Rudolf schließlich gezwungenermaßen zum Inspekteur der kaiserlichen Infanterie.

Gleichwohl blieb das Verhältnis zum Vater unterkühlt. Franz Joseph verstand seinen Sohn nicht, der Sohn nicht den Vater. Beide waren in ihren ganzen Wesensmerkmalen wie Feuer und Wasser, eine herzliche Übereinstimmung konnte es nicht geben. Auch alle Versuche Rudolfs, Brücken zu schlagen, sind gescheitert. Zu seinen größten Enttäuschungen gehörte es, daß seine Mutter keinerlei Anstrengungen unternahm, um Franz Joseph zu einem engeren Kontakt zu seinem Sohn zu bewegen. Somit wuchs Rudolf weitgehend in der Isolation auf.

Für viele Zeitgenossen, die Zugang zum Hof hatten, war die von ständigen Krisen belastete Ehe Sissis eine der wesentlichen Ursachen für das tragische Ende des Kronprinzen, der sich in seinen entscheidenden Jahren vollkommen alleingelassen fühlte.

Wenig Kontakt hatte der Thronfolger nicht nur zu seinen Eltern, auch dem Hofstaat galt er als Einzelgänger. Die tonangebenden Mitglieder des Hauses Habsburg, die im Fortbestand der Dynastie und der Wahrung ihrer unumschränkten Vollmachten ihr einziges Ziel sahen, gingen zu Rudolf auf Distanz. Denn es hatte sich herumgesprochen, daß er intensive Beziehungen zu revolutionär gesonnenen Schriftstellern und Journalisten unterhielt.

Der Thronfolger verfaßte und veröffentlichte auch selbst brisante Beiträge, die das herrschende System in Frage stellten. Im ›Neuen Wiener Tagblatt‹ mit dessen Chefredakteur der Sohn Sissis eng befreundet war, erschienen viele kämpferische Artikel, die sich kritisch mit der Glaubwürdigkeit der Monarchie auseinandersetzten. Besonderes Aufsehen erregte ein Text unter der Überschrift »Der österreichische Adel und sein konstitutioneller Beruf«. Es war eine scharfe Abrechnung mit dem Feudalstaat.

Es verstand sich von selbst, daß diese Artikel unter einem streng gehüteten Pseudonym erscheinen mußten. Doch Wien machte seinem Ruf schon damals alle Ehre. Je strenger ein Geheimnis gehütet werden sollte, umso rascher wurde es gelüftet. Vermutlich verrieten gezielte Indiskretionen den Thronfolger, um dessen Stellung in der Umgebung des Kaisers zu schwächen. Fest steht jedenfalls, daß Franz Joseph über die liberale Gesinnung seines Sohnes Bescheid wußte und darin eine große Gefahr für den Fortbestand der Monarchie sah. Das war wohl auch der Grund dafür, weshalb er Rudolf von den Regierungsgeschäften fernhielt und ihn nie in weitreichende Entscheidungen des Reichs einbezog.

Sissi verfolgte die Entwicklung ihres Sohnes aus der Entfernung. Obwohl es sich wegen der vielen übereinstimmenden Ansichten angeboten hätten, den Dialog mit ihm zu pflegen, hielt sich die Kaiserin zurück.

Von Rudolf gingen viele Signale an die Mutter aus. Er bewunderte in ihr die schöne Frau, er teilte ihre Überzeu-

Die Todesnachricht erreicht die Hofburg: Graf Hoyos berichtet dem Kaiserpaar vom Selbstmord des Thronfolgers und seiner Geliebten.

gungen. Aber die Signale gingen ins Leere. Für den Kronprinzen war das unverständlich, er litt darunter. Denn die gemeinsame Liebe zur Literatur, die gemeinsame Abneigung gegen alles Militärische und den verkrusteten Hofstaat boten Anknüpfungspunkte zu einem ständigen Dialog. Doch der kam nicht zustande.

Die Kluft zwischen Sissi und Rudolf wurde noch größer, als die Schwiegertochter ins Haus stand. Der österreichische Thronfolger hatte sich für die belgische Prinzessin Stephanie entschieden, eine junge Frau, die ganz und gar nicht nach dem Geschmack der Kaiserin war. Die Prinzessin aus Brüssel erschien Elisabeth unattraktiv, wenig sensibel und unbegabt. Daß Stephanie am Prunk und Protz des Wiener Hoflebens rasch Gefallen fand und sich gerne bei großen Empfängen zeigte, verstärkte noch die Antipathie. Dazu kamen Sissis prinzipielle Vorbehalte gegen das belgische Königshaus, dessen Monarchen ihrer Einschätzung nach kulturlose Emporkömmlinge waren. Die Abneigung gegen die etwas pummelige Schwiegertochter war sogar so groß, daß sie von Elisabeth einmal als »mächtiges Trampeltier« bezeichnet wurde.

Glücklich wurde Rudolf an der Seite seiner standesgemäßen Frau nicht, weshalb er Trost bei weniger standesgemäßen Geliebten suchte, bei denen er seine häufigen Depressionen vergessen wollte. Der leichtsinnige Umgang mit der Wiener Halbwelt hatte fatale Folgen. Rudolf zog sich eine Geschlechtskrankheit zu, von der er sich nicht mehr erholte. Äußerst heftige Gelenkschmerzen plagten ihn, seine Augen litten, der Thronerbe mußte

Der Thronfolger wird aufgebahrt:
Elisabeth, Franz Joseph und Kronprinzessin Sophie
am Totenbett Rudolfs.

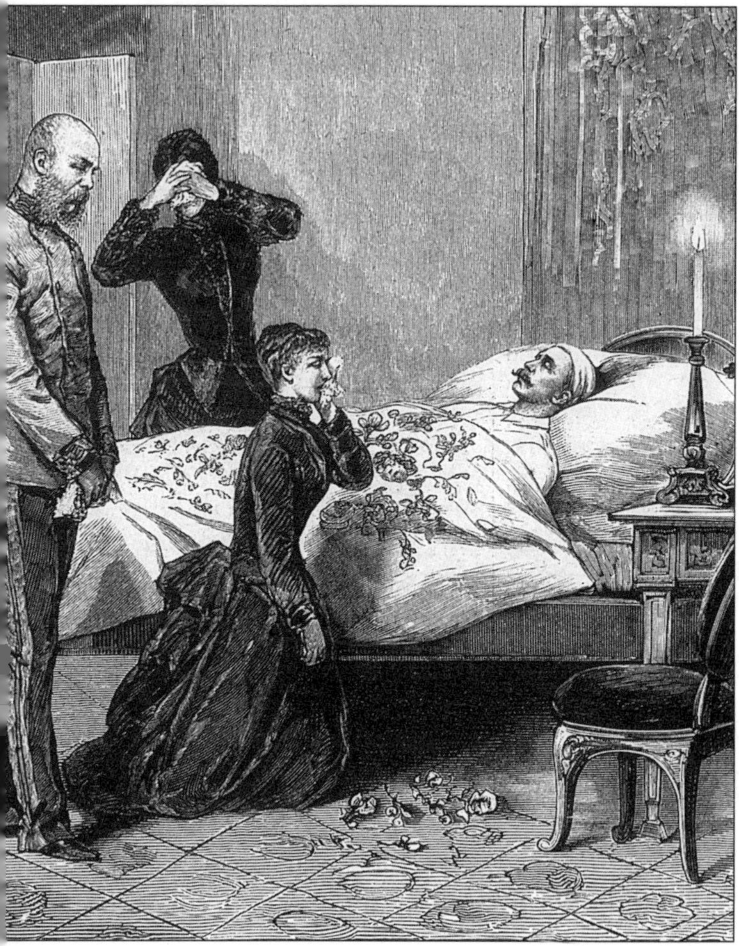

ernsthaft um sein Leben bangen. Vor seiner Familie verbarg er sein Leiden so gut es eben ging. Erste Selbstmordabsichten wurden bekannt, der Zustand des Erzherzogs verschlechterte sich rapide.

Die Wiener Aristokratie amüsierte sich über die sich anbahnende Tragödie des Thronfolgers und begleitete sie mit höhnischem Spott. Weite Teile des Adels hielten Rudolf für unwürdig, die Monarchie weiterzuführen. Spott kam auch aus Berlin, wo inzwischen Wilhelm II. regierte und sich über die mangelnden militärischen Fähigkeiten des österreichischen Kronprinzen lustig machte. Wilhelm, ein glühender Militarist, hielt den gleichaltrigen Rudolf für unfähig, einmal ein großes Land zu regieren. Große Sorgen wegen des schlechten Gesundheitszustands des jungen Habsburgers machte sich allerdings das liberale Wiener Bürgertum. Es setzte seine ganze Hoffnung auf Erneuerung in den aufgeklärten und fortschrittlich denkenden Erzherzog. Für die Liberalen war Rudolf der richtige Mann, um Österreich in eine bessere Zukunft zu führen.

Doch das Verhängnis nahm seinen Lauf. Die Tragödie von Mayerling war nicht mehr zu verhindern. Auf das Jagdschloß im Wiener Wald hatte sich Rudolf mit seiner letzten Geliebten zurückgezogen, mit der Baronesse Mary Vetsera. Mit ihr wollte er gemeinsam sterben. Der 30. Januar 1889 war einer der schwärzesten Tage in der langen Familiengeschichte der Habsburger. An diesem Tag erschoß der Thronfolger zuerst seine Geliebte und dann sich selbst.

Sissi, die als erste von der Katastrophe unterrichtet wurde, blieb zunächst erstaunlich gefaßt. Ihr fiel die schwere Aufgabe zu, dem Kaiser die schreckliche Nachricht zu überbringen. Die Todesursache wurde gegenüber der Öffentlichkeit zunächst einmal verschleiert. Die erste offizielle Version lautete, daß Mary Vetsera ihrem Geliebten Gift verabreicht hätte, um sich anschließend selbst zu töten. Doch nach der Obduktion der Leichen ließ sich diese Theorie nicht mehr aufrechterhalten. Die todbringenden Kugeln aus der Pistole des Kronprinzen wurden im Sterbezimmer gefunden, auch der Spiegel, den sich Rudolf vor das Gesicht gehalten hatte, ehe er freiwillig aus dem Leben schied.

Der letzte Wille des Kronprinzen wurde nicht respektiert. Er wollte zusammen mit Mary Vetsera in der Kirche Heiligkreuz begraben werden. Doch auch über den Tod hinaus setzte sich das habsburgische Zeremoniell durch. Nachdem die Hofärzte in einem Gutachten dem Thronfolger geistige Umnachtung attestiert hatten, stand einer feierlichen Beisetzung in der Kapuzinergruft nichts mehr im Wege. Es ist die letzte Ruhestätte vieler großer Habsburger. Für Mary Vetsera war dort kein Platz.

Rudolf war noch nicht bestattet, als bereits die Zeit der gegenseitigen Schuldzuweisungen begann. Für Sissi stand rasch fest, daß die Gräfin Marie Larisch, ihre bayerische Nichte, die Hauptverantwortung am Tod ihres Sohnes trug. Die muntere Gräfin leistete dem Kronprinzen angeblich wiederholt Kupplerdienste und vermittelte ihm auch die letzte Geliebte.

Der Trauerzug verläßt Schloß Mayerling: die Verzweiflungstat ihres einzigen Sohnes stürzte Sissi in eine schwere Krise.

Doch mit dieser Version kam Sissi nicht an. Am Hof wie auch in weiten Kreisen der Wiener Bevölkerung wurde die eigentliche Schuld der Kaiserin gegeben, die es nicht geschafft hatte, ihrem Sohn eine liebevolle und fürsorgliche Mutter zu sein. Ihr Verhalten – darüber war man sich rasch einig – führte zur Vereinsamung des Thronfolgers. Das Mitleid bei der Beisetzung galt dem Kaiser, nicht aber seiner Frau.

Erzherzogin Valerie, die jüngste Schwester Rudolfs, schrieb nach der Trauerfeier in ihr Tagebuch: »Papas fast überirdisch fromme, klaglose Ergebung, Mamas starrer Schmerz mit ihrem Glauben an Prädestination, ihr Weh, daß es ihr baierisch-pfälzisches Blut war, das Rudolf zu Kopf gestiegen, dies alles ist so unsagbar bitter mitanzusehen.«

Franz Joseph war ein gebrochener Mann. Mit dem Tod des Erzherzogs mußte sich seine Familie von der weiteren Geschichte Österreichs verabschieden. Denn die Thronfolge ging an eine andere Linie des Hauses Habsburg über. Der jetzt 59jährige Monarch, der unter einer unglücklichen Ehe litt, fühlte sich so einsam wie nie zuvor.

Was der Kronprinz in seinem Abschiedsbrief an die Mutter schrieb, wird die Nachwelt nie erfahren. Sissi hat ihn nach der Lektüre vernichtet.

Sehnsuchtsland Ungarn

Ob Schwarzenberg oder Windischgrätz, ob Lobkowitz oder Nostiz – wer in der Wiener Gesellschaft des 19. Jahrhunderts etwas zu sagen hatte, entstammte dem alten böhmischen Adel. Prag war wichtig, Brünn war wichtig. Vom Hradschin aus wurde Österreichs Geschichte in den vergangenen Jahrhunderten entscheidend mitgeprägt, die Prager Universität war die erste deutsche Hochschule. Die Beziehungen zwischen Wien und dem Königreich Böhmen hatten eine lange Tradition. In Olmütz, der alten mährischen Stadt, fand die kaiserliche Familie während der Revolution des Jahres 1848 Zuflucht. Auf gute Kontakte zum böhmischen Adel legte man in der Wiener Hofburg großen Wert; niemand im alten Kaiserreich nahm am böhmischen Einfluß Anstoß.

Bis Sissi kam. Sie fühlte sich von der Aristokratie schlecht behandelt und hegte deshalb eine Aversion gegen alles Böhmische. Als Kaiserin weigerte sie sich, die Sprache dieses so wichtigen Kronlandes zu lernen. Sissi war mit Schuldzuweisungen immer rasch zur Stelle. Alles, was aus Prag kam, war für sie mit großer Vorsicht zu genießen.

Elisabeths bewunderte Aristokraten saßen woanders. Sie residierten in Budapest und in der ungarischen Pußta. Am Wiener Hof waren Sissis Favoriten allerdings nicht wohlgelitten. Ihr Einfluß war gleich null. Schließlich hatten sie während der Revolutionsmonate der Monarchie hart zugesetzt und ihren Unabhängigkeitsdrang klar artikuliert. Die Herrschaft der österreichischen Krone über ihr Land war ihnen zutiefst verhaßt, sie träumten von einem unabhängigen Ungarn ohne österreichische Bevormundung. Das Gebiet der Magyaren galt noch in den sechziger Jahren des vergangenen Jahrhunderts als gefährliche Region, die den Fortbestand der Monarchie in Frage stellte. Schon aus Opposition gegen die in Wien tonangebende böhmische Aristokratie fühlte sich Sissi den Ungarn zugetan, zumal sie bereits während ihrer Verlobungszeit Sympathien für Budapest entwikkelt hatte. Der ungarische Historiker Mailath war es damals, der ihr Interesse für diese Stadt geweckt hatte.

Die Beziehungen zwischen Wien und Budapest waren schweren Spannungen ausgesetzt. Das brutale Vorgehen der österreichischen Armee während der Aufstände blieb unvergessen. Viele Vermögen waren damals beschlagnahmt, wichtige Männer des Landes hingerichtet oder verhaftet worden. Je härter und unbeugsamer die Hofburg blieb, umso stärker wuchsen Selbstbewußtsein und Nationalstolz der Ungarn. Dennoch mußte Franz Joseph in der Mitte der sechziger Jahre daran interessiert sein, das Klima zu verbessern. Denn die gesamteuropäische Lage brachte Österreich 1866 wieder einmal in große Schwierigkeiten.

Im Süden des Habsburger Reichs drang inzwischen Venetien auf Selbständigkeit, der nächste italienische Krieg stand bevor. Er wurde wie sieben Jahre zuvor durch die italienische Einigungsbewegung angeheizt und von Frankreich verdeckt unterstützt. Doch auch im Norden drohte Gefahr. Preußen verstärkte unter dem übermächtigen Einfluß Otto von Bismarcks seine Anstrengungen, die deutsche Landkarte zu seinen Gunsten zu verändern. Die große Entscheidung über die künftige Führungsrolle auf dem deutschsprachigen Territorium stand an. Im Juni 1866 begann jener Krieg, der Österreich von Berlin mehr oder weniger aufgezwungen wurde. Der Kaiser von Wien hatte viele Bundesgenossen, fast alle deutschen Mittelstaaten unterstützten ihn – Sachsen, Bayern, Württemberg, Baden und Hessen. Bei der entscheidenden Schlacht von Königgrätz am 3. Juli standen sich 450000 Soldaten gegenüber, mehr als bei der legendären Völkerschlacht von Leipzig. Obwohl die preußischen Truppen zahlenmäßig unterlegen waren, konnten sie den Kampf für sich entscheiden. Das preußische Heer war wesentlich besser ausgerüstet, verfügte über das Zündnadelgewehr und war damit militärtechnisch weit überlegen. Österreichs Armee und ihre Verbündeten wurden vernichtend geschlagen. Das Schicksal des Habsburger Reiches, das als deutsche Großmacht ausgespielt hatte, war entschieden.

In Wien herrschte Panik. Die österreichische Hauptstadt stellte sich auf einen preußischen Angriff ein. Wer es sich leisten konnte, verließ die Stadt und versuchte sich in krisensichere Gebiete zu retten. Sissi reiste mit ihren Kindern nach Budapest. Die wichtigsten Akten der Wiener Hofburg, wertvolle Kunstgegenstände und die Kronjuwelen wurden nach Ungarn geschafft – aus Angst vor Bismarcks Truppen.

Doch der Eiserne Kanzler in Berlin geriet trotz seiner großen militärischen Erfolge in keinen Machtrausch. Er

Von Sissi geliebt und bewundert:
Der ungarische Revolutionär und spätere Diplomat
Graf Gyula Andrassy.

dachte weiter und wollte sich Österreich nicht zum Todfeind machen. Bismarck brauchte Wien für sein weiteres außenpolitisches Konzept als Bündnispartner. Die preußischen Truppen wurden rasch abgezogen, hinterließen in Böhmen allerdings große Verwüstungen. Das Land war wieder einmal ausgeblutet.

An der italienischen Front schlugen sich Österreichs Heer und Flotte siegreich. Erzherzog Albrecht, der Onkel Franz Josephs, erwies sich als tüchtiger Feldherr und entschied die militärische Auseinandersetzung zu Gunsten des Kaiserreichs. Dennoch war Venedig nicht mehr zu halten. Die Stadt und das venezianische Hinterland wurden schließlich Bestandteil des von Rom aus regierten neuen Königreichs. Österreichs Engagement in Italien war damit beendet. In nur wenigen Jahren hatte Franz Joseph die schönsten Provinzen des habsburgischen Vielvölkerstaats verloren.

Die Wiener Zentralregierung, die sich mit ihrem europäischen Großmachtanspruch immer schwerer tat und politisch auf dem Rückzug war, mußte sich angesichts der veränderten Lage völlig neu orientieren. Der Ausgleich mit den aufbegehrenden Ungarn war ein Gebot der Stunde. Das unzufriedene Donauland verlangte nicht mehr und nicht weniger als die Wiedereinsetzung der alten Verfassung und eine eigene Regierung in Budapest, das als zweite Hauptstadt des Kaiserreichs anerkannt werden sollte. Zudem drängte der ungarische Adel Franz Joseph, sich endlich in Budapest zum König krönen zu lassen.

Das waren für die Wiener Hofburg unannehmbare Forderungen. Abgesehen davon, daß die Anerkennung einer Verfassung ein klares Abrücken von den Grundsätzen des Absolutismus bedeutet hätte, gab es noch andere Probleme. Die ungarischen Wünsche blieben nämlich nicht ohne Auswirkung auf andere Landesteile. Zum Beispiel meldete auch das Königreich Böhmen seine Ansprüche auf Eigenständigkeit an.

In dieser für die Monarchie heiklen Situation meldete sich Sissi zu Wort, die jetzt ihre ganze Kraft, ihren ganzen Charme einsetzte, um an Österreichs Zukunft mitzuarbeiten. Sie tat es mit einer von ihr ungewohnten Hartnäckigkeit. Die Ziele der Kaiserin waren klar erkennbar: Sissi spielte die ungarische Karte.

Darauf war sie gut vorbereitet. In aller Stille hatte sie nahezu perfekt Ungarisch gelernt, aus reiner Sympathie zu dem Land, dem ihre ganze Liebe galt. Man wunderte sich allgemein über den Lerneifer Elisabeths, denn bisher hatte sie sich mit Fremdsprachen immer sehr schwer getan. Trotz des hinhaltenden Widerstands des Hofstaats setzte die Kaiserin durch, daß die Ungarin Ida Ferenczy eine Position in ihrer unmittelbaren Umgebung bekam – offiziell als Vorleserin, in Wahrheit als die engste Vertraute Elisabeths.

In der Hofburg gab das zu allerlei Spekulationen Anlaß. War die Berufung der Ungarin in diese wichtige Schlüsselposition das Werk subversiver Elemente, die gezielt von Budapest aus gesteuert wurden, um dessen Einfluß in der kaiserlichen Familie zu stärken? Gerätselt wurde auch viel darüber, weshalb eine Frau, die nicht einmal dem Adel angehörte, an diesen wichtigen Platz gesetzt wurde. Ida Ferenczy verrichtete gute Arbeit und heizte die Leidenschaft der Kaiserin für alles Ungarische noch mehr an.

Doch neben Ida Ferenczy tauchte im Gesichtskreis Sissis noch eine andere Persönlichkeit auf, die für das künftige Leben der Kaiserin enorm wichtig werden sollte. Es war Graf Gyula Andrassy, ein Mann von gewaltiger Ausstrahlungskraft, von blendendem Aussehen und der betörenden Aura eines Revolutionärs. Nachdem er von

*Gegenspieler des österreichischen Kaisers:
Napoleon III. von Frankreich, der Paris zur wichtigsten
Stadt Europas machte.*

Franz Joseph im Jahre 1848 in Abwesenheit zum Tod verurteilt worden war, lebte er zunächst in Paris, wo er rasch der Mittelpunkt vieler eleganter Salons wurde. Er war vermögend, weltgewandt und von wacher, bestechender Intelligenz. Seit seiner Begnadigung im Jahre 1858 residierte er wieder in Budapest und stieg rasch zu einem der einflußreichsten Politiker seines Heimatlandes auf. Sein Ziel war klar umrissen. Er wollte die Beziehungen zwischen Ungarn und Österreich auf eine ganz neue Basis stellen und dadurch eine größere Unabhängigkeit von der Wiener Hofburg erreichen.

In dieser Mission kam er zusammen mit einer ungarischen Delegation im Januar 1866 nach Wien und wurde auch im Audienzsaal der Hofburg empfangen. Dort kam es zu einer ersten Begegnung zwischen Sissi und Andrassy. Die Kaiserin war stark beeindruckt. Er verkörperte einen Typ Mann, von dem Elisabeth im stillen träumte. Er war der Typ des sportlichen Spielers, der nach dem aufreizenden Parfum des Erfolgs roch. Sissi war damals 28 Jahre alt, Andrassy 42. Im Gegensatz zu Franz Joseph, der sich bei Empfängen nüchtern und zurückhaltend gab, sprühte der ungarische Graf bei seinen öffentlichen Auftritten vor Phantasie und Lebenslust. Andrassy trug malerische, verwegene Uniformen und wußte, wie man sich in dieser auffallenden Aufmachung elegant bewegt.

Bei den kurzen Unterredungen mit der Kaiserin spürte Andrassy sehr rasch, daß Sissi Feuer gefangen hatte. Sie war in den fast abenteuerlich wirkenden Mann aus der Puszta sofort verliebt. Das wußte der Graf zu nutzen. Er tat alles, um Sissi für die ungarische Sache zu begeistern. Es bedarf keiner weiteren Erklärung, weshalb das österreichische Kaiserpaar eine Einladung nach Budapest sofort annahm. Graf Andrassy hatte über Sissi bei Franz Joseph ganze Arbeit geleistet. Noch im selben Monat ging es per Schiff donauabwärts. Die Höflichkeitsvisite in Budapest hatte das Ziel, die Entspannung zwischen den beiden Teilen des Kaiserreichs voranzutreiben.

Sechs Wochen zog sich der kaiserliche Aufenthalt in Ungarn hin. Erzherzog Albrecht, der den erzkonservativen Flügel im Hause Habsburg anführte, war entrüstet. Aus seiner Sicht machte Franz Joseph durch so viel Entgegenkommen schwere Fehler, denn er schwächte damit die Wiener Position bei den anstehenden Verhandlungen über fällige neue Machtstrukturen in der Donaumonarchie. Erzherzog Albrecht stand mit seiner Meinung nicht allein. Er hatte große Teile der Wiener Aristokratie hinter sich. Aber unter dem Druck seiner Frau, die alle Waffen der Weiblichkeit einsetzte, kapitulierte der Kaiser. Er hoffte auf ein neues Glück in seiner Ehe.

Es besteht kein Zweifel daran, daß sich Sissi zum willfährigen Werkzeug ihrer ungarischen Freunde machen ließ. Sie tat dies aber aus voller Überzeugung. Ungarn – das war für sie das Land ohne Zwänge, ohne die Notwendigkeit ständiger höfischer Rücksichtnahme, ein Land voller ungebrochener Vitalität. Dem Einfluß der Kaiserin, die sich jetzt auf einmal ganz massiv in das politische Tagesgeschäft eingemischt hatte, ist es zuzuschreiben, daß Budapest bei der Durchsetzung seiner Ziele im Februar

Galt wegen ihrer Schönheit als Konkurrentin Elisabeths: Kaiserin Eugenie von Frankreich, die Frau Napoleons III.

1867 den großen Durchbruch schaffte. Die alte Verfassung wurde wieder installiert, das Land erhielt eine eigene Regierung. Lediglich die Außenpolitik und die Finanzpolitik wurden weiterhin von Wien aus gesteuert. Graf Andrassy hatte sein wesentliches Ziel erreicht. Als Ministerpräsident regierte der frühere Rebell jetzt in Budapest. Zu danken hatte er diese glückliche Wendung vor allem einer Frau – Österreichs Kaiserin Elisabeth.

Ein ganz wichtiges Ereignis stand allerdings noch aus. Der Wunsch, daß sich der Kaiser in Budapest zum König krönen lassen möge, war noch nicht erfüllt. Doch gerade daran lag dem inzwischen wichtigsten Partner Wiens besonders viel. Dieser feierliche Akt hatte für das Land der Magyaren eine große symbolische Bedeutung. Die Königskrönung des österreichischen Kaisers in der Budapester Mathiaskirche war eine Reverenz vor dem Nationalstolz der Ungarn und ihrem Recht auf Selbstbestimmung.

Die liberalen Kräfte in Österreich beurteilten diese Entwicklung durchaus wohlwollend. Immerhin war ja das Wiederinkrafttreten der Verfassung in Budapest ein deutlicher Schritt in Richtung konstitutioneller Monarchie, bedeutete also eine Lockerung des Absolutheitsanspruchs Franz Josephs. Die Mitbestimmung des Volkes bei großen Entscheidungen war keine reine Utopie mehr. So gesehen leistete Sissi nicht nur ihren ungarischen Freunden einen Gefallen, sondern auch allen anderen österreichischen Ländern, deren Bevölkerung auf eine stärkere Demokratisierung der bestehenden Machtstrukturen drang.

Die Krönung am 8. Juni 1867 wurde vor allem für Sissi zum großen Jubeltag. Sie hatte ihr politisches Ziel erreicht. Sie faszinierte alle, die an diesem festlichen Sommertag nach Budapest kamen, durch eine bezaubernde Demonstration ihrer Schönheit. Bereits in den frühen Morgenstunden setzte sich der Festzug von der Burg in Richtung Mathiaskirche in Bewegung. Eine geschickte

Regie hatte es ermöglicht, daß Graf Andrassy die Rolle des Palatins übernahm. Ihm kam die Aufgabe zu, beim Festakt im Dom Franz Joseph die altehrwürdige Stefanskrone aufs Haupt zu setzen.

Der anschließende Triumphzug, an dem sich der gesamte ungarische Adel beteiligte, war zwar höchst prunkvoll. Er muß aber auf ausländische Beobachter wie eine Parodie auf ein mittelalterliches Ritterschauspiel gewirkt haben. Die Magnaten aus der Puszta trugen bunt schillernde Phantasiegewänder, alte Rüstungen, die so wirkten, als stammten sie aus dem Kostümfundus des Wiener Burgtheaters. Mit Schmuck wurde nicht gegeizt. Opulente Edelsteine funkelten in der Morgensonne. Besonders erheiternde Szenen gab es, als die vielen Kardinäle und Bischöfe sich hoch zu Roß näherten. Die als Reiter ungeübten geistlichen Würdenträger wurden auf ihren Pferden festgebunden, die würdigen Bischofshüte wirbelten durch die Luft. Der Botschafter aus der Schweiz berichtete nach Hause: »Der ganze Zug machte, trotz seiner Pracht und seiner wirklichen Großartigkeit auf den unbeteiligten Zuschauer doch etwas den Eindruck eines Faschingsscherzes, wozu insbesondere auch die reitenden Erzbischöfe das ihre beigetragen haben. Dieses Stück Mittelalter paßt nun einmal nicht in unsere Zeit, nicht zu unserer Bildungsstufe oder zur politischen Entwicklung der Gegenwart.«

Bei den großen Gala-Empfängen trug Kaiser Franz Joseph eine ungarische Uniform, Kaiserin Elisabeth ein in Budapest geschneidertes Festkleid. Sie war der strahlende Mittelpunkt des opulenten Schauspiels und wurde als große Glücksbringerin gefeiert, was ihr sichtlich schmeichelte. Das war ein Zeremoniell, das sie sich gefallen ließ; es unterschied sich deutlich von der feierlichen Strenge der düsteren monarchischen Selbstdarstellung des Wiener Hofs. Sissi schwelgte im Glück – und Franz Joseph, der seine Frau noch immer zärtlich liebte, ließ die orientalische Prachtentfaltung gelassen über sich ergehen.

Für die Krönungsfeierlichkeiten hatten sich die Ungarn großzügige Gesten einfallen lassen. Kein geringerer als Franz Liszt wurde mit der Komposition der feierlichen Messe beauftragt. Das Geschenk des Landes an den neuen König und seine Frau fiel sehr großzügig aus – das Schloß Gödöllö, das Sissi seit ihren früheren Aufenthalten in Budapest besonders schätzte, gehörte ab sofort dem Kaiserpaar.

Nach den vielen Empfängen, Diners, Festzügen und Audienzen stand in Budapest fest: Kaiserin Elisabeth war die populärste Frau in ganz Ungarn. Ihr hatte das Land seine wiedergewonnene Eigenständigkeit zu verdanken. Ihrem Einfluß war es auch zuzuschreiben, daß sich der Kaiser zu einer großzügigen Amnestie entschloß. Die nach der Revolution beschlagnahmten Güter wurden ihren ursprünglichen Besitzern zurückgegeben, politische Gefangene konnten die Festungen verlassen. Die Folgen der Revolution sollten ein für allemal vergessen und verziehen werden. Die Witwen und Waisen der ermordeten Rebellen erhielten finanzielle Entschädigun-

*Gegenspieler der Habsburger:
der deutsche Kaiser Wilhelm II. Das von Rudolf Wimmer
gemalte Portrait zeigt den preußischen Monarchen
in der Uniform der Gardekürassiere.*

gen, die großzügig ausfielen. Eine Geste, die in Wien böses Blut machte. Denn an die Hinterbliebenen der österreichischen Soldaten, die 1848 bei der Niederschlagung der Revolution ihr Leben verloren, dachte bei dieser Gelegenheit niemand.

Sissi schwelgte in solchen Wonnen, daß sie den dringenden Wunsch nach einem Kind verspürte. Sie sehnte sich nach neuem Mutterglück. Zehn Monate nach den Krönungsfeierlichkeiten in Budapest brachte sie im April 1868 in der ungarischen Hauptstadt Marie-Valerie zur Welt. Sissi war jetzt 31 Jahre alt. In Wien wurde es als Affront gegen Österreich gewertet, daß die Kaiserin zur Geburt nach Budapest reiste. Für sie war es aber eine Geste der Freundschaft gegenüber dem Land der Donaumonarchie, dem sie sich am meisten verbunden fühlte.

Rasch waren Gerüchte im Umlauf, die wilde Spekulationen über die Vaterschaft anstellten. War Franz Joseph wirklich der Vater der kleinen Marie-Valerie oder war es nicht doch Graf Andrassy, dessen Sympathien für Sissi nicht mehr zu übersehen waren? Die Herzlichkeit des Umgangs, die vertraute Unbekümmertheit bei den verschiedenen Begegnungen konnten zumindest darauf schließen lassen, daß das gegenseitige Interesse sich nicht nur auf die Pflege der österreichisch-ungarischen Beziehungen konzentrierte. Doch es ist höchst unwahrscheinlich, daß Sissi mit Andrassy das Bett teilte. Die Kaiserin wurde vom Hofstaat ständig unter Kontrolle gehalten, einen Skandal wollte sie gewiß nicht riskieren. Die Liebe, die beide verband, blieb rein platonisch.

Der große
politische Gegenspieler der Habsburger:
der preußische Kanzler
Otto von Bismarck.

Königskrönung in Budapest:
Franz Joseph und Sissi bei der feierlichen Zeremonie
in der Mathiaskirche im Jahr 1867. Rechts im Vordergrund:
Graf Andrassy, der als Paladin auftrat.

Wenn es eines Beweises bedurft hätte, um die Gerüchte über einen Seitensprung der Kaiserin zu entkräften, so wäre es die kleine Valerie gewesen. Sie ähnelte Franz Joseph so sehr, daß die Spekulationen über die Vaterschaft rasch verstummten. Nachdem sich Sissi um ihre drei ersten Kinder so gut wie überhaupt nicht kümmerte, warf sie sich jetzt mit einer schon fast an Hysterie grenzenden Mutterliebe auf die Erziehung der jüngsten Tochter. Mit übertriebener Fürsorge kümmerte sie sich um Valerie, die nur noch ›die Einzige‹ genannt wurde. Es war das ›ungarische Kind‹, das ab sofort den familiären Mittelpunkt von Sissis Leben bildete. Schon als kleines Mädchen mußte Valerie Ungarisch lernen. Die Unterredungen mit der Mutter fanden grundsätzlich nur in dieser Sprache statt.

Österreich war mit dem Tag der Krönung in Budapest zur Doppelmonarchie geworden, ein Land mit zwei Hauptstädten und zwei gleichberechtigten Landesteilen. Die k.u.k.-Monarchie begann, eine Ära, die liberalere Züge trug, die aber auch die Agonie des alten Habsburger Reichs einleitete. Es ging mit dem Ende des Ersten Weltkriegs endgültig unter.

Der Schönheitskult

Als Sissi in München und der Possenhofener Idylle heranwuchs, zeigte sich Mutter Ludowika sehr bekümmert. Das Mädchen hatte zwar immer eine frische Gesichtsfarbe, einen gut durchtrainierten Körper – doch schön, nein schön konnte die Herzogin ihre Tochter nicht finden. Wie anders war da Sissis ältere Schwester Helene geraten. Sie war von edler Anmut und besaß eine ernsthaftere Ausstrahlung als der Wildfang Elisabeth. Ludowika machte sich ernstliche Sorgen darüber, ob ihre Zweitälteste nicht zu häßlich für eine große Partie sein könnte.

Seine Töchter gut zu verheiraten, das lag auch im Interesse von Herzog Max, der sich sonst wenig um seine Kinder kümmerte. Da er im Kreis der europäischen Hocharistokratie kein nennenswertes Ansehen genoß, ergab sich eine standesgemäße Hochzeit schließlich nicht von selbst. Schönheit war gefragt, wenn es an hohem Rang und Geld in der Kasse fehlte. Die herzogliche Familie der Wittelsbacher machten sich um Sissi echte Sorgen.

Umso überraschter war Ludowika und ihre ganze Verwandtschaft, als sich ausgerechnet der Kaiser von Österreich in die wenig attraktive Elisabeth verliebte. Bei ihrem Einzug in Wien im Jahre 1854, als sie von Franz Joseph zur Hochzeit in die Hofburg geführt wurde, bezauberte sie ihre Umgebung bereits. Die knapp Siebzehnjährige wirkte anziehend, besaß den frischen Schmelz eines jungen Mädchens und faszinierte durch ihre schönen Haare.

Als Sissi zum dritten Mal Mutter geworden war, gab es in Wien und in ganz Europa überhaupt keinen Zweifel

Der Nachruhm:
Das Denkmal Sissis von Edmund Hellmer
im Park des Schlosses Hellbrunn
bei Salzburg.

mehr: Die österreichische Kaiserin war zu einer der schönsten Frauen ihrer Zeit herangereift. In der Hauptstadt der Donaumonarchie gehörten ihre Ausritte im Prater zu den touristischen Attraktionen. Begab sich die Kaiserin zu Fuß durch die Stadt, so kam es zu Volksaufläufen. Denn alle wollten sich von der außerordentlichen Anmut der Monarchin aus nächster Nähe überzeugen. Ihre Schönheit war ein Kapital für die Habsburger Monarchie, die sich noch nie so bezaubernd repräsentiert fand. Das machte Eindruck auf die Bevölkerung, aber auch auf die internationale Diplomatie. Selbst der Preuße Wilhelm II. konnte sich nicht verkneifen, die Anmut der Wiener Kaiserin zu rühmen. Mutter Ludowika war widerlegt – sie, die früher »keinen einzigen hübschen Zug« an ihrer Tochter entdecken konnte.

Mit ihrer Größe von 1,72 Meter war Sissi für die damalige Zeit eine große Frau. Die Kaiserin achtete sehr auf ihre Figur, mehr als 50 Kilo brachte sie niemals auf die Waage. Je mehr sich Elisabeth ihrer Schönheit bewußt wurde, umso konsequenter achtete sie darauf, ihre Attraktivität zu erhalten. Denn nur dadurch gewann sie auf dem glatten Wiener Parkett an Selbstbewußtsein und verlor ihre anfänglich schüchterne Art, mit Menschen umzugehen.

Für ihre Schönheit entwickelte die Kaiserin ein Fitness-Programm, das für eine Frau des 19. Jahrhunderts absolut ungewöhnlich war. In jedem Schloß, in dem sie abstieg, wurden Turnräume eingerichtet und mit Barren, Sprungmatten und Hanteln ausgerüstet. Das tägliche

Gymnastik-Programm nahm viel Zeit in Anspruch. Umso weniger das Essen. Tagelang ernährte sich Sissi ausschließlich von Fleischbrühe und Milch, um ihre gute Figur zu erhalten. Die Fastenkuren, die später zu Hungerödemen führten, stießen bei den Leibärzten auf heftige Kritik und fassungsloses Unverständnis. Ihren Körper stählte die Kaiserin nicht nur bei ihren oft waghalsigen Ausritten, sondern auch bei stundenlangen Gewaltmärschen. Für ihre Hofdamen, die sie dabei begleiten mußten, waren diese ›Promenaden‹ die reinsten Horrortrips, zumal Sissi einen festen, raschen Schritt hatte und ihre Begleitung nicht selten in Atemnot brachte.

Die Eitelkeit der Kaiserin richtete sich vor allem auf die Taille. Obwohl Sissi auch ohne Nachhilfe außergewöhnlich schlank war, ließ sie sich auch noch einschnüren. Diese komplizierte Prozedur war sehr zeitraubend und für das Personal höchst entsagungsreich. Elisabeth erteilte bei jedem falschen Griff unfeine Rüffel.

Zeitraubend war überhaupt das ganze Schönheitsprogramm, das von der Kaiserin mit geradezu fanatischer Energie durchgehalten wurde. Im Sommer stand die Monarchin um fünf Uhr auf, im Winter um sechs. Nach einem kalten Bad, von dem sie sich Abhärtung und einen guten Teint erhoffte, wurde kärglich gefrühstückt. Dann folgte die ausgedehnte Gymnastik. Anschließend begann das Zeremoniell des Frisierens. Bis zu drei Stunden zog sich die tägliche Haarpflege hin. Für Sissi war die Wahl des richtigen Friseurs fast so wichtig wie für ihren Mann die Berufung eines neuen Außenministers.

Schließlich fand sich eine Frau, die das volle Vertrauen der Kaiserin genoß und ihren Platz in den Ankleideräumen der Hofburg zu einer einträglichen Lebensstellung ausbaute. Die Frau hieß Fanny Angerer.

Aufsehen erregte sie zum ersten Mal am Wiener Burgtheater, wo sie die Haare der Heroinen zu eindrucksvollen Frisuren türmte. Sissi engagierte sie vom Fleck weg. Und zwar für die stolze Jahresgage von 3000 Gulden, eine Summe, die normalerweise ein Universitätsprofessor verdiente. Fanny Angerer versah ihren Dienst an der Hofburg vorzüglich, hielt auch alle Launen der oft unbeherrschten Kaiserin mit stoischem Gleichmut aus – und beging nur einen Fehler. Sie verliebte sich in einen Bankangestellten, den sie unbedingt heiraten wollte.

In Sissis Frisiersalon herrschte große Trauer, denn diese Hochzeit beendete fürs erste das Dienstverhältnis mit der Haarkünstlerin. Die kaiserliche Hofordnung duldete kein verheiratetes Personal – es sei denn, der jeweilige Ehemann stand selbst in den Diensten der Monarchen. Für Elisabeth war die Angelegenheit von so großer Brisanz, daß sie den Kaiser persönlich einschaltete. Ein Ausweg wurde gefunden. Fannys Ehemann bekam eine Stelle als Sekretär. Im Lauf der Jahre machte Hugo Feifalik, so hieß der Glückliche, sogar eine steile Karriere. Er brachte es zum Hofrat und wurde zum Ritter geschlagen. Und das alles wegen Sissis schöner Haare, die so lang waren, daß sie bis zu den Fersen reichten.

Zur täglichen Geduldsprobe für die Zofen und Kammerfrauen wurde die tägliche Ankleide-Zeremonie der

Der Nachruhm:
Das Denkmal Sissis im Wiener Volksgarten.
Es stammt von dem Bildhauer
Hans Bitterlich.

Kaiserin. Um ihre schlanke, ebenmäßige Figur besonders günstig wirken zu lassen, ließ sie sich in ihre Gewänder jeden Morgen einnähen. Auf Unterröcke verzichtete die Monarchin, was – als es sich herumgesprochen hatte – in Wien als mittlerer Skandal empfunden wurde.

Obwohl sie schon im Morgengrauen aufstand, zog sich Sissis Schönheitsprogramm bis zum Mittag hin. Bis dahin war sie für niemand zu sprechen – schon gar nicht für den Ehemann. Den sah sie erst beim Abendessen, meistens nur ganz kurz.

Im Urteil ihrer Zeitgenossen betrieb die Monarchin einen ans Lächerliche grenzenden Schönheitskult, der ihr oft übelgenommen wurde. Die Zeit, die sie dabei aufwendete, empfand man als maßlos übertrieben. Die vielen Stunden, die sie täglich der Pflege ihres Äußeren widmete, enthielt sie ihren Kindern und ihrem Ehemann vor. Der Schönheitskult hatte aber psychische Ursachen. Auch er war eine Art Flucht – eine Flucht vor den Pflichten des Hofes und der Familie, eine Flucht vor dem verhaßten Umfeld des kaiserlichen Alltags.

Was gibt es Schrecklicheres für eine Frau, die nur ihrer Schönheit lebt, als das Altern? Auch Sissi blieb dieses Schicksal trotz aller Vorkehrungen nicht erspart. Ihre Haut, durch den intensiven Leistungssport und die langen Aufenthalte an der frischen Luft gegerbt, wurde faltig. Sissi zog sich noch mehr zurück in die selbst gewählte Einsamkeit. Und wenn sie ausging, dann niemals ohne Fächer oder Sonnenschirm. Hinter diesen Requisiten versteckte sie sich vor neugierigen Blicken.

Komponierte die Krönungsmesse für Franz Joseph: der ungarische Pianist und Komponist Franz Liszt.

Das ästhetische Empfinden der Kaiserin litt sehr darunter, daß sie schon als Kind sehr schlechte Zähne hatte. Selbst die Kunst der besten Dentisten des Kaiserreichs konnte den rapiden Verfall nicht stoppen. Elisabeths schöner Mund blieb bei den großen Empfängen meist geschlossen – niemand sollte sehen, wie häßlich ihr Gebiß war.

Sissis Sinn für Schönheit äußerte sich aber nicht nur in ihrem Körperkult. Ästhetisches Vergnügen empfand sie auch beim Anblick anderer wohlgewachsener Frauen.

BÖSENDORFER
WIEN

Der als Pianist gefeierte
Franz Liszt bei einem Konzert im Wiener Redoutensaal.
Die kaiserliche Familie war von dem
großen Musiker fasziniert.

Schon früh begann sie damit, Fotos zu sammeln. Sie zeigten besonders bemerkenswerte Beispiele weiblicher Anmut. Die Anregung dazu gab ihr vermutlich ein bayerischer Verwandter – der König Ludwig I., dessen Leidenschaften Sissi sehr bewunderte. Dieser bemerkenswerte Wittelsbacher hatte im Lauf seines Lebens eine weltweit beachtete Schönheitengalerie aufgebaut, eine Portrait-Sammlung besonders attraktiver Frauen. Dem bayerischen Hofmaler Joseph Stieler saßen sie alle Modell, oft unter Aufsicht des königlichen Auftraggebers, der gerne das Atelier aufsuchte, um sich vom Liebreiz der abzubildenden Damen persönlich zu überzeugen. Bei der Auswahl kannte Ludwig I. keinerlei Standesunterschiede. Fürstinnen, Handwerkertöchter, Kurtisanen – sie alle fand er für würdig, in seine Sammlung aufgenommen zu werden, die heute im Schloß Nymphenburg in München zu sehen ist. Einzige Voraussetzung war Schönheit. Und was schön ist, bestimmte der Monarch. Lola Montez, die skandalumwitterte Favoritin des Königs, fand in der Galerie ebenso Aufnahme wie die österreichische Erzherzogin Sophie, die Schwiegermutter Sissis. Sophie war die Schwester des Münchner Monarchen.

Als Elisabeth dazu überging, ihre Foto-Sammlung systematisch aufzubauen, bekamen Österreichs Botschafter in Europas Hauptstädten den Auftrag, Bilder nach Wien zu schicken. Die Sammlung schwoll rasch an. Aus London und Paris, aus Petersburg und Rom kamen die Fotos attraktiver Frauen an, wobei sich die Frau des österreichischen Repräsentanten in Frankreich einen besonderen Spaß daraus machte, ihre Auswahl auf Artistinnen zu beschränken. Was natürlich als süffisante Spitze gegen die Zirkusleidenschaft der Kaiserin gedacht war. Bei der Diplomaten-Gattin handelte es sich übrigens um Pauline Metternich, Enkelin des Fürsten Metternich. Wegen ihrer berüchtigt scharfen Zunge wurde sie gerne auch Mauline Petternich genannt.

Was bewog Sissi, schöne Frauen zu sammeln? War es die kapriziöse Laune einer unbeschäftigten Kaiserin, die sich ein Hobby zulegte? Oder war es die Reaktion einer unglücklichen Ehefrau, die allen sexuellen Empfindungen gegenüber Männern abgeschworen hatte? Sissi, die sich mit zunehmendem Alter darin gefiel, ihrer Umgebung Rätsel aufzugeben, ließ die Beantwortung dieser Frage offen. Sie war immer auf der Flucht. Auch ihr Schönheitswahn war eine Flucht – vor den Problemen, die sie nicht zu lösen vermochte.

Der Kosmos Wien

Trotz ihrer vielen Fluchten, ihrer zahlreichen Reisen spielte sich das Leben Sissis doch im wesentlichen in Wien ab. Von ihrer Hochzeit im Jahre 1854 bis kurz vor ihrem Tod 1898 war die österreichische Hauptstadt 44 Jahre lang der Mittelpunkt im Leben der Kaiserin. So menschenscheu sie auch war, so wenig sie sich für die öffentlichen Vorgänge interessierte, so sehr sie sich auf sich selbst zurückzog, kann doch nicht übersehen werden, daß die rasante Entwicklung der Donaumetropole beträchtliche Auswirkungen auf das Lebensgefühl Elisabeths hatte.

Als die noch junge bayerische Prinzessin zum ersten Mal nach Wien kam, lebten in der Stadt 470000 Menschen. In Sissis Todesjahr, also 44 Jahre später, zählte Wien bereits knapp zwei Millionen Einwohner. Die entscheidende Entwicklung der österreichischen Hauptstadt ereignete sich in Sissis Wiener Jahren. Der urbane Mittelpunkt des späten Habsburger Reichs, die Zentrale des Vielvölkerstaats, in der alle Fäden des Reichs zusammenliefen, war ein Brennpunkt der Welt, eine kosmopolitische Metropole, die auf dem Kontinent nur noch eine Konkurrentin hatte: das Paris Napoleons III., das an mondäner Prachtentfaltung Wien noch überragte. In der Hauptstadt der habsburgischen Doppelmonarchie fanden die wesentlichen geistigen, künstlerischen und politischen Strömungen des 19. Jahrhunderts einen Kristallisationspunkt.

Drei Jahre nach Sissis Ankunft ließ der Kaiser die alten Befestigungsanlagen und Bastionen, die das wegen seiner Bevölkerungsentwicklung explodierende Wien wie eine eiserne Kette umklammerten, endlich abtragen. Die Stadt konnte sich ausbreiten, konnte wieder durchatmen. An der Stelle der alten Glacis-Anlagen wurde die zwanzig Meter breite Ringstraße angelegt, dieser von ganz Europa bewunderte Prachtboulevard, der neben dem Stefansdom bald zu den Wahrzeichen von Österreichs Hauptstadt gehörte. Der Ring wurde aber auch zum Symbol einer neuen Zeit. Die Ära der liberal gesonnenen Bourgeoisie war angebrochen, die sich entlang der neuen Avenue mit ausladenden historisierenden Gebäuden ihre eigenen Denkmäler setzte. Es entstand die während ihrer Bauzeit heftig umstrittene Wiener Oper, auch das neue Burgtheater bekam seinen Platz am Ring. Dazu kamen neue Museumsbauten, das Rathaus, das Parlament. Wien war in den fünfziger und sechziger Jahren des 19. Jahrhunderts in einem Baufieber wie nie zuvor in seiner Geschichte. Obwohl die Monarchie nur noch auf morbiden Säulen ruhte, feierte sie sich zusammen mit dem Großbürgertum in einem gewaltigen Bauprogramm. Wien bekam sein weltstädtisches Gepräge.

Das war die eine Seite, die auffällige, die imposante. Weit weniger imposant waren die sozialen Verhältnisse, in denen der Großteil der Wiener lebte. Die Gründerzeit und die rapide industrielle Entwicklung schufen ein Proletariat, das jeden Tag in der glanzvollen Kaiserstadt ums nackte Überleben kämpfte. Die Wohnungsnot, schon immer ein Wiener Problem, trieb neuen bizarren Rekorden entgegen. Als Johann Strauß seinen Walzer ›An der

Symbol der Wiener Gründerjahre
und des neuen bürgerlichen Zeitalters:
die Ringstraße.

schönen blauen Donau‹ schrieb, lebten Tausende in Obdachlosigkeit. Wenn man von den luxuriös ausgestatteten neuen Palästen des reichen Bürgertums absieht, lebte die Mehrzahl der Bevölkerung in Wohnungen, die nicht einmal dem untersten Standard entsprachen. Diesem traurigen Umstand verdankte das Wiener Kaffeehaus seine große Blüte. Um der Tristesse ihrer kümmerlichen Behausungen zu entfliehen, verbrachten viele ihre Tage im Pseudo-Luxus der Mokka-Tempel, wo man bei einer Tasse Kaffee Stunden zubringen und das Elend der mehr als dürftigen Lebensumstände zumindest zeitweise vergessen konnte.

Die großen Mietshäuser waren kaum heizbar, die sanitären Einrichtungen in einem trostlosen Zustand. Der Bau der Ringstraße hatte zur Folge, daß Tausende von kleinen Behelfswohnungen, die in den alten Befestigungsanlagen untergebracht waren, der Spitzhacke zum Opfer fielen – natürlich ersatzlos, denn öffentlicher Wohnungsbau war in den Gründerjahren unbekannt. Eine große Anzahl von Wienern gehörte zu dem Heer der ›Bettgeher‹. Darunter verstand man Männer und Frauen, die sich lediglich die Miete für ein Bett leisten konnten, das ihnen nur nachts zur Verfügung stand. In dem Preis, den sie dafür bezahlten, war nicht einmal die Benutzung eines Kleiderschranks enthalten.

Arbeit gab es dank der rasanten Entwicklung der neuen Produktionsstätten genug, aber sie wurde schlecht bezahlt und war zudem äußerst zeitaufwendig. Die Sieben-Tage-Woche war die Regel, auch für Kinder. Auf 70 Arbeitsstunden in diesen sieben Tagen brachte es der durchschnittliche Industriearbeiter leicht. Erst im Jahre 1883 wurde durchgesetzt, daß Kinderarbeit wenigstens an Sonntagen verboten wurde. Die Erwachsenen machten Gebrauch vom ›blauen Montag‹, an dem sie ihren Rausch vom Sonntagabend ausschliefen, durch den sie ihren Frust über die miserablen Lebensbedingungen zu vergessen suchten. Das alles spielte sich in unmittelbarer Nähe der Hofburg ab, in der der Kaiser versuchte, die tiefen Risse in den Fundamenten der Habsburger Monarchie zu sanieren. Er tat dies letztlich erfolglos.

Kaiserin Sissi, die wie Kronprinz Rudolf engen Kontakt zu Wiener Intellektuellen unterhielt, zog ihre Schlüsse aus dieser Entwicklung. Sie gab der Dynastie keine große Zukunft mehr und sah in der Staatsform der Republik die einzige zukunftsträchtige Alternative. Doch ihre Überlegungen, die sie unter anderem bei ihrer mehrstündigen großen Morgentoilette anstellte, blieben in der Theorie stecken. In das politische Geschäft, in das sie sich bei der Lösung der ungarischen Frage so vehement eingemischt hatte, wollte sie später keine Energien mehr investieren. Es wäre vermutlich auch reichlich sinnlos gewesen. Je prekärer die innenpolitische Lage wurde, desto mehr verschanzte sich Franz Joseph hinter seinem Schreibtisch, von dem aus er das Reich zusammenzuhalten versuchte. Die offene Diskussion über anstehende Probleme war seine Sache nicht. Er hielt weiter eisern an der strikten Einhaltung des Hofzeremoniells fest, dessen glänzende Fassade die innere Brüchigkeit verdecken sollte.

Gesellschaftliches Großereignis:
eine Korsofahrt im Wiener Prater.

Die Welt des schönen Scheins fand ihren Ausdruck in der damaligen Vergnügungssucht der besser gestellten Schichten der Bevölkerung. Der Wiener Walzer war nicht von ungefähr zum Symbol dieses Lebensgefühls geworden, das den rauschartigen Zustand suchte, in dem sich die Angst vor drohendem Unheil besser verdrängen ließ. Johann Strauß war der Magier dieser Gesellschaft, die auf dem Vulkan tanzte. »Es ist eine bedenkliche Macht in dieses schwarzen Mannes Hand gegeben. Sein besonderes Glück mag er es nennen, daß man sich unter Musik alles Mögliche denken, daß die Zensur mit den Walzern nichts zu schaffen haben kann, daß die Musik auf unmittelbarem Wege, nicht nur durch den Kanal des Gedankens, die Empfindungen anregt. Bacchantisch wälzen sich die Paare durch die Hindernisse, die wilde Lust ist losgelassen, kein Gott hemmt sie.« So beschreibt ein Zeitgenosse von Johann Strauß die damalige Grundstimmung der Donaustadt.

Trotz aller Anstrengungen, neue Tendenzen zu unterdrücken und die Grundwerte der alten, immer morscher werdenden monarchischen Struktur zu retten, konnte Franz Joseph nicht verhindern, daß sich der Liberalismus in Wien durchsetzte. Immer neue Zugeständnisse mußte der Kaiser an das erwachte Bürgertum machen. Schon der von ihm ausgelöste große Wirtschaftsboom unterlief die dirigistischen Maßnahmen des Hofes. Auf dem gebeugten Rücken eines geschundenen Proletariats erblühte ein neuer, in Wien bisher unbekannter Wohlstand. Die neureichen Bürger schufen sich einen Lebensstil, wie sie ihn bei der aristokratischen Gesellschaft gesehen hatten. Diese schlug noch immer die Grundtonart an, aus der die Bourgeoisie die schwülstigen Sinfonien ihres Lebensgefühls komponierte. Die Stadtpaläste wurden zu Tempeln des neuen Luxusgefühls, das in der dekorativen Opulenz der Inneneinrichtung seinen Ausdruck fand. Man lebte dem technischen Fortschritt, dem wachsenden Privatvermögen, genoß liberales Gedankengut wie ein besonders delikates Menue und sonnte sich in der neu errungenen Weltaufgeschlossenheit der Metropole, die immer internationaler wurde.

Der Wirtschaftsmittelpunkt Wien mit seinen neuen Karrierechancen wirkte auf die Menschen, die in den ärmeren Regionen der kaiserlichen Krone lebten, wie ein Magnet. Aus Slowenien und Bosnien, aus Galizien und der Bukowina, aus Böhmen und der Slowakei zog es Männer und Frauen in die Stadt der schnellen Erfolge, des Glanzes und des Elends. Vermögen wurden gemacht, große Pleiten folgten nicht selten. Wiens Lebenshaltungskosten waren inzwischen die höchsten in ganz Europa. Der starke Zuzug aus den nicht deutschsprachigen Ländern der Donaumonarchie mischte das Wiener Blut kräftig auf. Die Donaustadt profitierte davon. Sie bezog aus den Provinzen der Donaumonarchie nicht nur geduldige Arbeitskräfte, sondern auch neue Ideen, geistige Impulse. Das intellektuelle Klima wurde elektrisiert. Und das nicht zuletzt durch den jüdischen Bevölkerungsanteil, der dem liberalen Bürgertum nahestand und von ihm aufgewertet wurde.

Hier zeigte sich die Wiener Bourgeoisie
des 19. Jahrhunderts besonders gern: im Stadtpark.
Das Aquarell stammt von Franz Alt.

Nie gab es in Wien so viele geistige Innovationen wie in der zweiten Hälfte des 19. Jahrhunderts. In den Kaffeehäusern und Salons versammelten sich Schriftsteller um die damaligen literarischen Leitfiguren Hermann Bahr, Hugo von Hofmannsthal, Karl Kraus und Arthur Schnitzler, den großen Analytiker der Wiener Psyche. Auf die Couch Sigmund Freuds legten sich die Söhne und Töchter der Gründerväter des neuen goldenen Zeitalters, die beim Erfinder der Psychoanalyse nach den Ursachen ihrer sexuellen Frustrationen und Identitätskrisen forschen ließen. Der Maler Hans Makart schuf die visuellen Apotheosen der Ringstraßen-Kultur. In der Oper, die inzwischen Weltgeltung besaß, wurde darüber gestritten, ob das Musiktheater Richard Wagners die kühnen Neuerungen brachte, die ihm seine Fans unterstellten. In den Konzertsälen wurde Johannes Brahms, der aus Hamburg stammende Wiener, als neuer Gott der symphonischen Kunst gefeiert. Und dazwischen immer wieder Johann Strauß, der die Emotionen breiterer Massen aufpeitschte und die Wiener Bourgeoisie nach dem großen Börsenkrach von 1873 mit seiner Operette ›Die Fledermaus‹ nach Noten über die herben Verluste auf der Notenbank hinwegzutrösten versuchte.

Kaiser Franz Joseph ergötzte sich währenddessen an harmlosen Lustspielen und sah keinerlei Veranlassung, sich mit ›den Wolkenkraxeleien‹ der Schriftsteller, Philosophen, Dramatiker, Soziologen und Psychoanalytiker auseinanderzusetzen. Sein Denken kreiste wie immer um die Armee. Das Militär war noch immer seine wichtigste Säule, von der er glaubte, daß er auf sie bauen könne. Kaiserin Sissi beschäftigte sich währenddessen, wenn sie nicht gerade wieder einmal auf Reisen war, mit dem Werk Heinrich Heines, mit dem sie sich durch ihre eigenen Gedichte, die sie unentwegt schrieb, geistig verwandt fühlte. Bei spiritistischen Sitzungen, die damals in Mode waren, versuchte sie Kontakt mit dem toten Dichter aufzunehmen.

Sissi stemmte sich mit Vehemenz gegen alle Tendenzen, die auch in dem neuen liberaleren Zeitalter die Frau noch immer zum Lustobjekt und zur Gebärmaschine erniedrigten. Elisabeth wurde zu einer Art Vorkämpferin der Emanzipation, freilich nur insoweit, als sie sich selbst von der patriarchalischen Gesellschaft bedroht sah. Sie wollte kein ›niedliches Dummerl‹ sein, kleingehalten und entmündigt von der Unterdrückungsmaschinerie der herrschenden Männerwelt.

Sissi begehrte auf, wollte sich abheben vom gängigen Frauenbild, das sie in der Person der Burgschauspielerin Katharina Schratt, der späten Geliebten ihres Mannes, so beispielhaft repräsentiert sah. Schön, aber blöd. »Aber so wollte die Gesellschaft von damals das junge Mädchen, töricht und unbelehrt, wohlerzogen und ahnungslos, neugierig und schamhaft, unsicher und unpraktisch, und durch diese lebensfremde Erziehung von vornherein bestimmt, in der Ehe dann willenlos vom Manne geformt und geführt zu werden.« So beschrieb Stefan Zweig sehr zutreffend die Rolle der Frau in der Wiener Gesellschaft des ausgehenden 19. Jahrhunderts.

So sehr sich Sissi von den Zwängen des Hofes und den vom emanzipierten Bürgertum übernommenen partriarchalischen Strukturen zu entfernen versuchte, so intensiv war auch ihre Abneigung gegen den Klerikalismus, auf den das regierende Haus Habsburg noch stark setzte. Im Konkordat des Jahres 1855 übertrug Franz Joseph das gesamte Bildungswesen Österreichs den kirchlichen Institutionen. Als Gegenleistung erwartete der Kaiser eine Geste der Ergebenheit der Kirche gegenüber den Machtansprüchen der Monarchie. Die Rechnung ging auf. Neben dem Militär wurde der Katholizismus zur wichtigsten Waffe im Kampf gegen den Liberalismus, in dem der Kaiser den Hauptfeind der alten Ordnung sah.

Einer der Chefideologen dieser alten Ordnung war Erzherzog Albrecht, der um 13 Jahre ältere Onkel Franz Josephs, der Sissi abgrundtief verhaßt war. Er repräsentierte im Wien Franz Josephs den absolutistischen Machtanspruch in seiner ausgeprägtesten Form. Daß die alles beherrschende Position des Monarchen auf dem Gottesgnadentum beruhte, war für ihn unumstößliche Realität. Nach Erzherzog Albrecht gab es keinen Habsburger mehr, der schärfer und kompromißloser die Legitimität des feudalen Ständestaats verteidigt hätte. Einen Staat, an dessen Spitze ein Kaiser stehen mußte, der sich auf Grund seiner Geburt erhaben über das regierte Volk fühlen durfte. Jede Annäherung an die Wünsche und Sehnsüchte der Beherrschten empfand der Erzherzog als einen eklatanten Bruch der Tradition, die zu bewahren für ihn eine der wichtigsten Aufgaben des Hauses Habsburg war. Alle demokratischen Tendenzen, alle Zugeständnisse an einen Verfassungsstaat waren für den erzkonservativen Aristokraten Teufelswerk. Der Kaiser hatte Distanz zu halten, hatte unnahbar zu sein – das war seine wichtigste Aufgabe. Nur die Unerreichbarkeit zeichnete ihn als großen Fürsten aus. Um sie zu garantieren, wurde die strenge Ordnung des Hofzeremoniells erfunden, an dem sein Neffe Franz Joseph eisern festhielt.

Erzherzog Albrecht war, sehr zum Entsetzen Sissis, am Wiener Hof so etwas wie eine graue Eminenz. Hart, unversöhnlich, konsequent in allen seinen Entscheidungen, war er im Grunde das genaue Gegenteil Franz Josephs, der in seiner ganzen Persönlichkeitsstruktur eher zu den weichen Habsburgern gehörte, entschlußarm und ängstlich. Franz Joseph ersetzte Härte durch Disziplin und Pflichterfüllung, zwei Eigenschaften, in denen er allerdings perfekt war. Sein Onkel Erzherzog Albrecht, die graue Eminenz, hatte seinen großen Einfluß durch militärische Erfolge ermöglicht. Vom greisen Feldmarschall Radetzky, der als genialer Stratege und Heerführer galt, erlernte er in Italien das Kriegshandwerk. Während der Revolution von 1848 betätigte er sich als Schrecken der Aufständischen und als Hardliner mit eiserner Durchsetzungskraft. Beim Italienfeldzug des Jahres 1866 gewann Erzherzog Albrecht die Schlacht von Custozza so souverän, daß er am Wiener Hof als strategisches Genie gefeiert wurde. Das stärkte seinen Einfluß noch mehr.

»Im Souverän den gekrönten Vollstrecker des Volkswillens zu sehen« – das bedeutete für Erzherzog Albrecht eine Kapitulation vor den »demokratischen, alles nivellierenden Tendenzen der Jetztzeit«. Eindeutiger hätte die Absage an jede Art von konstitutioneller Monarchie, wie sie in England längst üblich war, nicht ausfallen können. »Die Dynastie, das Herrscherhaus, muß durch breite Kluft von allen Untertanen getrennt sein. Keiner der letzteren darf in äußeren Ehren, und wenn er noch so hoch gestiegen wäre, dem jüngsten Mitgliede des Hauses gleichgestellt werden«, lautete das eindeutige Glaubensbekenntnis des Erzherzogs.

Große Zweifel an dieser Sicht der Dinge hatte das liberale Wien, hatte vor allem auch Sissi, die sich von der Ideenwelt Erzherzog Albrechts abgestoßen fühlte. Ihr bayerischer Cousin König Maximilian II. hatte sich längst vom Absolutismus abgewendet, eine demokratische Verfassung und ein aktives Parlament ermöglicht. Sissi fand das rigide Festhalten an den überlebten Ordnungen entsetzlich, was ihre Distanz zum Kaiser noch mehr vertiefte. Ihre Gedanken waren die ihres Sohnes Rudolf, den Erzherzog Albrecht in seine militärische Schule nehmen wollte, was allerdings gescheitert ist. Der Thronfolger weigerte sich, die Ansichten des einflußreichen Habsburgers zu akzeptieren. Es kam folglich zum Bruch.

Es wäre eine glatte Verkennung der Wiener Realität des späten 19. Jahrhunderts, wenn man die Persönlichkeit Albrechts nur als letztes Fossil der untergehenden Monarchie betrachtete. Der stählerne Erzherzog hatte seine Anhänger, vor allem in der Aristokratie und der kaiserlichen Bürokratie. Daß seine Welt trotz aller Libera-

Star der Wiener Gesellschaft:
Johann Strauß setzte das Lebensgefühl der pulsierenden Donaumetropole in Musik um.

lisierung noch immer existierte, gehört zu der komplizierten Vielschichtigkeit Wiens, mit der Sissi immer ihre Schwierigkeiten hatte. Vielschichtigkeiten zu deuten – das war Elisabeths Sache nicht. Sie liebte das Eindeutige.

Vielschichtig, in sich brüchig – das war auch die Persönlichkeitsstruktur Franz Josephs. Offiziell blieb er der Unnahbare, die vom Volk isolierte Majestät. Doch im privaten Bereich sehnte er sich nach bürgerlicher Idylle. Ein völlig unprätentiöser Lebensstil war sein Traum, weshalb er sich persönlich auch sehr bescheiden gab. Er schlief auf einem schlichten Eisenbett, bevorzugte einfache Kleidung.

Wie so mancher Kleinbürger hatte er Vorbehalte gegen viele Neuerungen, zum Beispiel gegen das elektrische Licht. Während viele Wiener Straßen schon mit moderner Straßenbeleuchtung ausgestattet waren, ordnete er an, daß in der Hofburg nur Petroleumlampen verwendet werden durften. Franz Josephs Vorbehalte gegen den raschen Ausbau des Eisenbahnnetzes hatte allerdings politische Gründe. Er lebte in der Angst, daß erhöhte Mobilität die Verbreitung gefährlicher anarchistischer Theorien beschleunigen könnte. Dennoch vermochte auch er die technische Entwicklung nicht aufzuhalten. Die Nordbahn, die Wien mit den Industriezentren Nordböhmens verband, war zum nicht mehr verzichtbaren wirtschaftspolitischen Instrument geworden.

Der Bruch zwischen Schein und Wirklichkeit – er kennzeichnete das geistige Klima Wiens im späten 19. Jahrhundert. Der Bruch zwischen Schein und Wirklichkeit war letztlich auch die Ursache für Sissis exzentrisches, einsames und im Grunde unglückliches Leben. Die Wiener Hofetikette zwang sie in ein Korsett, das sie verweigerte. Gleich nach der Geburt beschlagnahmte die Dynastie ihre Kinder. Unnahbar blieb die monarchische Welt, in der sie ihr Glück suchen sollte. Sie gab die Suche auf und floh in die selbstgewählte Einsamkeit. Der Kaiser, mit dem sie verheiratet war, gab sich als Institution und blieb ihr im Prinzip die Nähe schuldig. Aus Hilflosigkeit und Unvermögen.

Der Bruch zwischen Schein und Wirklichkeit – er wurde zum untergründigen, aber immer präsenten Generalthema Wiens zur Sissi-Zeit. Die Dekadenz nahm sich des Themas an, verfeinerte es in einem Ästhetizismus, der seinen Ausdruck unter anderem im Wiener

Hart, mutig, erzkonservativ:
Erzherzog Albrecht gilt als konsequentester Vertreter der althabsburgischen Linie.

Feuilleton fand. Geistreich, elegant und von erlesener Ziselierkunst beschrieb es ein Lebensgefühl, das sich an der Widersprüchlichkeit des Seins labte und seine wahre Weihestätte im Kaffeehaus fand. Das berühmteste war das Cafe Central. Über diese Wallstatt der Literaten und Widersprüchlichen schrieb der Feuilletonist Alfred Polgar: »Es ist ein echtes Asyl für Menschen, die ihre Zeit totschlagen müssen, um von ihr nicht totgeschlagen zu werden. Es ist der traute Herd derer, denen der traute Herd ein Greuel ist, die Zuflucht der Eheleute und Liebespaare vor den Schrecken des ungestörten Beisammenseins, eine Rettungsstation für Zerrissene, die dort, ihr Lebtag auf der Suche nach sich und ihr Lebtag auf der Flucht vor sich sind.«

Die Weltausstellung

Wien strahlte im neuen Glanz der Gründerzeit. Die Ringstraße, dieser großzügige, prachtvolle Boulevard, wurde von der ganzen Welt bewundert. Viele neue repräsentative Gebäude prägten das Bild der Donaumetropole. Die Oper, das Burgtheater, das Hotel Imperial und eine ganze Reihe großbürgerlicher Paläste setzten am Ring wichtige städtebauliche Akzente. Die Hofburg wurde durch einen neuen Trakt erweitert. Doch Sissi hatte für dieses neue Wien wenig übrig, obwohl die Stadt jetzt eine eindeutige Wendung zum Bürgerlichen genommen hatte und imperialer Prunk nur noch als kostbares Accessoire betrachtet wurde.

Als im Mai 1869 die neue Oper fertig war und mit Mozarts ›Don Giovanni‹ feierlich eröffnet werden sollte, ließ Elisabeth wissen, daß sie am vorgesehenen, lange vorbereiteten Termin keine Zeit hätte. Also wurde die Eröffnung verschoben, denn die Kaiserin war für dieses Ereignis unverzichtbar. Doch auch beim neu anberaumten festlichen Staatsakt glänzte Elisabeth durch Abwesenheit; sie sagte in letzter Minute ab und sorgte für nachhaltige Verstimmung.

Der Ärger war verständlich, denn die Architekten des Musentempels hatten sich für die Kaiserin etwas Besonderes einfallen lassen. Sie richteten ihr einen luxuriös gestalteten Salon ein, der ganz auf die besonderen Interessen Sissis Rücksicht nahm. Das repräsentative Foyer war mit Gemälden geschmückt, die Ansichten von Possenhofen und dem Starnberger See zeigten. Andere Darstellungen spielten auf das Lieblingsstück der Kaiserin an –

Ausfahrt mit dem Kaiser:
Sissi zusammen mit Franz Joseph beim letzten Besuch in Budapest.

auf Shakespeares ›Sommernachtstraum‹. Die Figuren des Oberon und der Titania bildeten den Mittelpunkt, Sissi fühlte sich schließlich der Feenkönigin seelenverwandt. Doch all diese Huldigungen interessierten die Kaiserin nicht, sie blieb bei ihrer Absage. Der Selbstmord des Architekten Eduard van der Nüll, der zusammen mit seinem Kollegen August von Sicardsburg für die neue Oper verantwortlich war, hatte mit dieser Brüskierung allerdings nichts zu tun. Der sensible Künstler verkraftete die massive öffentliche Kritik an seinem Bauwerk nicht und suchte deshalb den Tod.

Brüskiert fühlte sich das offizielle Wien durch Sissi auch bei einem anderen glanzvollen Ereignis, bei dem sich die neu gestaltete Stadt vor einem internationalen Publikum stolz präsentieren wollte. Im Mai 1873 wurde die Weltausstellung eröffnet. Die Hauptstadt des Vielvöl-

Die Weltausstellung im Jahr 1873
wurde zu einem Ereignis allerersten Rangs:
in der Rotunde trafen sich Monarchen, Diplomaten,
Techniker und Künstler.

kerstaats trat den Beweis an, daß sie nicht nur eine Metropole der Kunst, sondern auch ein europäischer Mittelpunkt moderner technischer Entwicklung geworden war. Der Glanzpunkt des großen Messegeländes im Prater war die Rotunde mit ihrer 84 Meter hohen Kuppel. Sie galt als eine Art Wahrzeichen österreichischen Fortschritts. Daß die Wiener diesen Monsterbau nur mit Spott bedachten, stand auf einem anderen Blatt. Prominente Gäste aus der ganzen Welt meldeten sich in der Hofburg an. Das technische Festival mit all seinem gesellschaftlichen Glanz war als eine Art Neuauflage des Wiener Kongresses von 1814/15 gedacht. Anlaß genug für das Kaiserhaus, sich opulent in Szene zu setzen und die Monarchie mit großem Pomp feiern zu lassen.

Doch Sissi spielte wieder einmal nicht mit. Sie verspürte keinerlei Lust, an den vielen Festen und Empfängen teilzunehmen und sich zu langweilen. Sie hielt es für wichtiger, private Reisen in ihr geliebtes Ungarn, ins Gebirge und nach Ischl zu unternehmen. Elisabeths Flucht vor der Weltausstellung war insofern peinlich, als sich viele Fürsten nur deshalb angesagt hatten, weil sie Wiens attraktive Kaiserin sehen wollten. Sissi, jetzt 36 Jahre alt, war zu hinreißender Schönheit erblüht. Um so größer war die Enttäuschung, als die Gäste in Wien nur mit Franz Joseph vorlieb nehmen mußten. Weder dem deutschen Kaiser Wilhelm I., noch dem italienischen König Viktor Emanuel gab die Monarchin die Ehre. Daß sie den Gast aus Rom mit Verachtung strafte, brachte Sissi größeren diplomatischen Ärger ein. Graf Andrassy, ihr Freund aus früheren Tagen, war empört. Der ungarische Diplomat, der es inzwischen zum österreichischen Außenminister gebracht hatte, arbeitete nämlich an einer Aussöhnung mit Italien. Elisabeth sollte ihm dabei helfen und die italienischen Vorbehalte gegen das Wiener Kaiserhaus ausräumen. Schließlich lasteten die Folgen des Krieges um die Lombardei noch immer auf den Beziehungen der beiden Länder.

Lang ist die Liste prominenter Namen, die sich im Sommer 1873 in Franz Josephs Gästebuch eintrugen: König Leopold von Belgien machte ebenso seine Aufwartung wie der Fürst von Montenegro, der mit seinem wilden Habitus Aufsehen erregte. Er soll wie ein Räuberhauptmann ausgesehen haben. Zar Alexander von Rußland nahm die Strapazen der langen Reise von Petersburg auf sich, um bei den großen Festen nicht zu fehlen. Er kam mit einem siebzigköpfigen Gefolge an die Donau. Es gaben sich die steife Königin Isabella von Spanien die Ehre und der unkonventionelle Prinz Edward von England, der in den Wiener Gasthäusern, die er besonders gern besuchte, immer die Scheiben einschlug, wenn es ihm zu heiß wurde. Und es stellte sich auch der langweilige König von Württemberg ein.

Der wildeste Ehrengast, der dem Protokoll nichts als Schwierigkeiten machte, war Nasr-es-Din, der Schah von Persien, der sein Reich offiziell als ›Mittelpunkt des Weltalls‹ bezeichnete. Den orientalischen Herrscher interessierten allerdings weniger Dampfmaschinen und Elektroanlagen. Er war eigentlich wegen Sissi angereist, in der

Franz Josephs
wichtigster Feldmarschall:
Joseph Wenzel Graf von Radetzky.

Hoffnung, die schöne Monarchin dem Kaiser abkaufen zu können. Der exzentrische Schah hatte ein großes Gefolge bei sich, und neben vielen Prinzen und Prinzessinnen gehörten auch Liebesdienerinnen und Astrologen zu seinem Troß. Außerdem führte er einen kleineren Zoo mit sich: 40 Hammel, viele Pferde, Hunde und Gazellen mußten untergebracht werden. Der Schah hatte nämlich gehört, daß die Wiener Kaiserin sehr tierlieb sei. Wegen ihres hohen Rangs wurde die persische Majestät auf Schloß Laxenburg untergebracht, in dem Schloß also, in dem Sissi ihre Flitterwochen verbracht hatte.

Die Wiener Gastgeber mußten nervenaufreibende Wochen durchleiden. Auf seine gewohnten Sitten wollte der Schah nämlich auf keinen Fall verzichten. Er schlachtete in den luxuriös ausgestatteten Räumen ohne jede Hemmung Hammel und Hühner und ließ sie an offenen Feuerstellen braten. Zu einem für Franz Joseph besonders peinlichen Zwischenfall kam es beim offiziellen Messerundgang im Prater. Eine Prostituierte, die sich nicht abwimmeln ließ, näherte sich dem persischen Monarchen und machte eindeutige Angebote. Der Schah ließ keinen Zweifel daran, daß ihm das Freudenmädchen gefiel. Nachdem er sich von den körperlichen Vorzügen der Dirne persönlich überzeugt hatte, reihte er die Frau in sein offizielles Gefolge ein. Kaiser Franz Joseph sah mit einer Leichenbittermiene zu.

Selbstverständlich wollte Nasr-es-Din dringend die Kaiserin sehen, der Ruf von ihrer Schönheit war schließlich bis nach Persien gedrungen. Doch die Monarchin weilte nicht in Wien. Das störte den Schah zunächst nicht, denn er ließ durchblicken, daß er über viel Zeit verfüge. Die Wiener Hofbeamten wurden bei dieser Mitteilung blaß, zumal der persische Herrscher damit drohte, seinen Aufenthalt solange auszudehnen, bis Sissi zurückkomme. In der Hofburg wurden Krisensitzungen anberaumt. Der Umgang mit den Gästen aus dem ›Mittelpunkt des Weltalls‹ wurde von Tag zu Tag lästiger. Der kaiserliche Generaladjutant Graf Crenneville vermerkte bitter: »Man macht sich keinen Begriff, was das für eine Rotte ist, die Türken sind im Vergleich feingebildet.«

Nach langwierigen diplomatischen Verhandlungen gelang es schließlich doch noch, Sissi zu einem Fest nach Schönbrunn zu bewegen. Natürlich gab es wieder Ärger. Der Schah kam wie üblich viel zu spät, weil ihm sein Hofastrologe dazu geraten hatte. Vom Anblick der schönen Kaiserin war der persische Gast so fasziniert, daß es ihm die Sprache verschlug. Minutenlang brachte er seinen Mund nicht mehr zu. Zu Verhandlungen über den geplanten Frauenkauf kam es übrigens nicht mehr. Seine Berater, die sich inzwischen mit den mitteleuropäischen Sitten vertraut gemacht hatten, redeten ihm das Geschäft aus.

Am Tag darauf atmete die Hofburg auf. Der Schah ließ die Koffer packen und reiste wieder ab. Den Wienern blieb sein mehrwöchiger Aufenthalt in nachhaltiger Erinnerung.

Die Weltausstellung war Anlaß zu großen Spekulationen an der Börse, denn schließlich hatte sich Österreich von dem Ereignis einen kräftigen Aufschwung für seine Wirtschaft erwartet. Aristokraten und Großbürger legten ihr Vermögen in Aktien an und erhofften sich beträchtliche Gewinne. Das Klima war aufgeheizt, das schnelle Geld lockte.

Die Folgen waren verheerend. Es kam zum großen Börsenkrach. Eine Selbstmordwelle verdüsterte die Stimmung in der Donaustadt, viele Familien standen vor dem Ruin. Die schlimmsten Nachrichten kamen aus der Provinz. Dort gab es erste Anzeichen für eine drohende Cholera-Epidemie.

Doch Wien feierte weiter. Sissis Hofdame Marie Festetics notierte damals: »Das ist kein Leben, sondern ein Rausch. Die Weltausstellung ist wie ein Fegefeuer, das alles verschlingt. Alle anderen Interessen scheinen verschwunden, und die Sucht, recht toll zu genießen, setzt sich über alles hinweg, als wenn wirklich aller Ernst verschwunden wäre. Es ist fast beängstigend.«

Sissi hat sich an diesem Rausch nicht beteiligt. Sie mied Wien zu dieser Zeit noch mehr als sonst, und ihr Gefühl, zur Einsamkeit verdammt zu sein, wurde übermächtig.

Katharina Schratt

Unter Einsamkeit litt nicht nur Kaiserin Elisabeth. Auch Franz Joseph, ohnehin kein Freund ausgelassener Geselligkeit, zog sich mehr und mehr zurück. Die Beziehungen zu seiner Frau waren unterkühlt, die Begegnungen beschränkten sich auf den Austausch kleinerer Höflichkeiten. Für die Umgebung des Monarchen gab es keine Zweifel daran, daß die kaiserliche Ehe kaum noch zu retten sei.

Sorgen um den Kaiser machten sich nicht nur seine wenigen Freunde. Auch Sissi begann, die Vereinsamung Franz Josephs mit Sorge zu verfolgen. Ihr Ehemann stand morgens um fünf Uhr auf und begab sich nach einem kurzen kärglichen Frühstück an seinen Schreibtisch, den er meist erst spät am Abend wieder verließ.

Zu den wenigen Vergnügungen am Abend gehörten gelegentliche Theaterbesuche. Das aus seiner Privatschatulle bezahlte Burgtheater konnte er in wenigen Minuten erreichen. Selten schaute sich die kaiserliche Majestät aus ihrer Loge ein komplettes Stück an, ihm genügten meist ein paar Szenen. Am liebsten besuchte er harmlose Lustspiele, die großen Tragödien der Weltliteratur waren seine Sache nicht.

Ein Theaterabend brachte eine wichtige Wende im Privatleben des Kaisers. Im Dezember 1873 wurde Franz Josephs 25jähriges Regierungsjubiläum gefeiert. Neben glanzvollen Festen gab es an den meisten Wiener Bühnen Gala-Vorstellungen, so auch im Stadttheater, das Shakespeares ›Der Widerspenstigen Zähmung‹ auf dem Spielplan hatte. Ausnahmsweise war der Kaiser an diesem

Franz Josephs Freundin auf der Bühne:
Katharina Schratt in dem Lustspiel ›Versprechen hinterm Herd‹.
Der Kaiser liebte harmlose Komödien mehr als
die Stücke der großen Klassiker.

Abend auch einmal von einem Klassiker entzückt. Es war aber nicht Shakespeares Text, der ihn so faszinierte, sondern eine junge Schauspielerin, die in der Rolle des Käthchens glänzte. Ihr Name: Katharina Schratt. Der Kaiser behielt die damals zwanzigjährige Künstlerin in bester Erinnerung.

Doch es dauerte noch zehn Jahre, ehe es zu einer Begegnung zwischen beiden kam. Katharina Schratt war inzwischen nach langen Gastspielen, die sie quer durch Europa geführt hatten, zu einem gefeierten Star aufgestiegen. Das Burgtheater bemühte sich um die Künstlerin und nahm sie schließlich auch unter Vertrag. Da Franz Joseph in seiner Eigenschaft als Geldgeber sozusagen der oberste Chef der kaiserlichen Bühne war, war es Brauch, daß neu engagierte Schauspieler beim Monarchen zu einer Audienz erschienen, um sich zu bedanken. Katharina Schratt machte sich also im Sommer 1883 auf den Weg zum Kaiser. Zuvor hatte sie sich von einem väterlichen Freund auf diesen höfischen Auftritt vorbereiten lassen.

Als die attraktive Schauspielerin vor den Monarchen stand, soll sie ihre Selbstbeherrschung verloren haben. Katharina Schratt geriet ins Stottern und vergaß alle einstudierten Floskeln. Der Kaiser amüsierte sich, fand aber die junge Schauspielerin so anziehend, daß er sich sofort in sie verliebte. Katharina Schratt, die Tochter eines Bäkkers aus Baden bei Wien, war zwar verheiratet, doch ihr Mann, der ungarische Großgrundbesitzer Nikolaus Kiss von Ittebe, hatte sich wegen seiner gewaltigen Schulden nach Südamerika abgesetzt.

Sissi, neuerdings immer vom schlechten Gewissen geplagt, weil sie ihren Mann so vernachlässigte, sann inzwischen nach Möglichkeiten, um den Kaiser aufzuheitern. Eifersuchtsgefühle kannte sie in ihrer Beziehung zu Franz Joseph schon lange nicht mehr. Elisabeth unternahm also ab sofort alles, um den Monarchen mit der Schauspielerin enger zusammenzubringen – selbstverständlich im Rahmen des Schicklichen. Zur ersten Kontaktpflege boten sich zunächst einmal Besuche im Burgtheater an. Aber der Kaiser, die unnahbare Majestät, mußte natürlich Rücksicht nehmen. Schließlich verbot ihm das Hofzeremoniell enge Kontakte zu Untertanen. Auf dem großen Industrieball im Jahr 1885 fiel einem größeren Kreis auf, wie intensiv sich Franz Joseph für Katharina Schratt interessierte. Er verwickelte die Schauspielerin in ein auffallend herzliches und langes Gespräch in aller Öffentlichkeit.

Die Spekulationen bekamen neue Nahrung, als Franz Joseph das Atelier des Wiener Malers Angeli aufsuchte. Dort saß Katharina Schratt Modell. Bemerkenswert ist dabei, daß niemand anderes als Sissi das Rendezvous arrangiert hatte. Mehr noch, die Kaiserin war auch die Auftraggeberin des Bildes, das gerade entstand. Sie hatte es sich in den Kopf gesetzt, ihrem Mann zum nächsten Geburtstag ein Portrait der Künstlerin zu schenken. Die Sache war klar: Elisabeth beabsichtigte, den Monarchen mit der Schauspielerin zu verkuppeln.

Aus Dankbarkeit für die Geduld, die die Künstlerin beim Modellsitzen aufbringen mußte, schrieb ihr der Kaiser sofort einen Brief und legte einen wertvollen Smaragdring bei. Bei dem einen Schmuckstück blieb es jedoch nicht. Im Lauf der langen Freundschaft zwischen beiden brachte es Katharina zu einer der wertvollsten Juwelensammlungen Österreichs.

Immer war es Sissi, die genau darauf achtete, daß Franz Josephs Kontakt zu der Schauspielerin nicht abriß. Je inniger die stille Liebe der beiden in aller Heimlichkeit blühte, desto mehr glaubte sich Sissi von ihrem schlechten Gewissen gegenüber dem Kaiser befreit. Die Kaiserin wußte genau, daß ihr Mann jetzt eine Frau gefunden hatte, die ihm all das gab, was sie ihm vorenthalten hatte. Bei Katharina Schratt fand Franz Joseph weibliche Wärme und jenen unverkrampften Umgangston, den er bei seiner unnahbaren Gemahlin vergebens gesucht hatte.

Die Fürsorge Sissis ging sogar soweit, daß sie auch einen verschwiegenen Ort für die vielen heimlichen Treffs ausfindig machte. Es war die kleine Wohnung von Ida Ferenczy, die ganz in der Nähe der Hofburg lag und den Vorteil hatte, daß sie vom kaiserlichen Hofstaat nicht kontrolliert wurde. Ida Ferenczy galt offiziell als Sissis Vorleserin. In Wirklichkeit aber war sie die engste Vertraute der Kaiserin, der einzige Mensch, vor dem die Monarchin keinerlei Geheimnisse hatte. Auf die Verschwiegenheit dieser Frau, die Sissi völlig ergeben war, konnte sich Franz Joseph verlassen.

Zunächst revanchierte sich der Kaiser für die Freundschaftsdienste der Schauspielerin mit großzügigen Geschenken, vor allem mit kostbarem Schmuck. Im Laufe der Zeit bekam Katharina Schratt aber auch eine offizielle Apanage von 30000 Gulden im Jahr zugebilligt. Durch ihre Freundschaft mit dem Kaiser fühlte sich die Künstlerin zu einem aufwendigeren Hausstand verpflichtet – und der kostete Geld. Katharina Schratt legte sich schließlich eine kleine Villa zu, um den Kaiser zu empfangen.

Sie brauchte viel Geld. Es war nicht nur ihre kostspielige Garderobe, es waren auch Spielschulden, die sie

Sissi unterstützte die Beziehung:
Kaiser Franz Joseph mit seiner Freundin,
der Burgschauspielerin
Katharina Schratt.

häufig drückten. Denn die Schauspielerin hielt sich gerne an den Roulette-Tischen auf. Franz Joseph, der persönlich kein Verhältnis zum Geld hatte, zeigte sich immer großzügig. Wenn er gelegentlich mürrisch wurde, schaltete sich Sissi ein. In besonders hartnäckigen Fällen vermittelte sie rasch und diskret. Denn sie war immer in Sorge, daß die Beziehungen ihres Mannes zu Katharina Schratt einmal in die Brüche gehen könnten – und daran war sie überhaupt nicht interessiert.

Die Zuneigung Franz Josephs zu Katharina wurde schließlich so groß, daß die Schauspielerin – entgegen aller Vorschriften des Zeremoniells – häufig zu den abendlichen Essen in der Hofburg eingeladen wurde. Sissi und ihre jüngste Tochter Marie-Valerie waren meist dabei, wenn in den Privatgemächern das Diner eingenommen wurde. Franz Josephs Tochter hatte zwar große Vorbehalte gegen die Freundin ihres Vaters und litt unter dieser Beziehung, doch auf die Regungen des Kindes nahm man keine Rücksichten. Im Gegenteil, die Bande der Freundschaft wurden immer enger geknüpft. Es dauerte nicht lange, bis auch in der kaiserlichen Sommerfrische in Ischl eine Schratt-Villa angemietet wurde. Bald gehörten zu den üblichen Ferienvergnügungen auch gemeinsame Ausflüge ins Salzkammergut. Wie intim die Beziehungen zwischen dem Kaiser und der Schauspielerin waren, läßt sich nicht genau sagen. Das Hofpersonal wollte von heißen Liebesstunden wissen, bei denen Franz Joseph Vergessen von seinem trostlosen Ehealltag suchte. Doch genaue Beweise dafür gibt es nicht, und die strenge

*Sie überlebte
den kaiserlichen Freund um 26 Jahre:
Katharina Schratt mit
einem Priester.*

Geschichtswissenschaft hält es eher für unwahrscheinlich, daß es auch zu sexuellen Kontakten zwischen beiden gekommen ist. Dem Kaiser genügte es, in der Nähe der geliebten Freundin zu sein, bei der er meist schon morgens um sieben Uhr zum gemeinsamen Frühstück erschien.

In den jeweiligen Wohnungen der Schauspielerin genoß der ansonsten unnahbare Kaiser ein kleines bürgerliches Glück, das er im Zusammenleben mit seiner Frau immer vermißte. Beim harmlosen Plausch über Alltäglichkeiten tauchte er Kipferln in den Kaffee, ehe er sich an seinen Schreibtisch begab. Um für klare Verhältnisse zu sorgen, schrieb der Kaiser seiner Freundin einmal eine Art Grundsatzerklärung, in der er seine Beziehungen zu ihr so formulierte: »Sie sagen, daß Sie sich beherrschen werden, auch ich werde es tun, wenn es mir auch nicht immer leicht wird, denn ich will nichts Unrechtes tun, ich liebe meine Frau und will ihr Vertrauen und ihre Freundschaft für sie nicht mißbrauchen.« In dieser Erklärung sehen Historiker den Beweis dafür, daß die Liebelei zwischen beiden rein platonischer Natur gewesen ist. Platonisch war vermutlich auch Elisabeths Verhältnis zu dem feurigen Ungarn Graf Andrassy. Doch zweifellos war diese Liebe emotional wesentlich leidenschaftlicher, von heftigeren Gefühlsstürmen umbraust. Franz Josephs Beziehung zu Katharina Schratt glich eher einer biedermeierlichen Romanze.

Es konnte nicht ausbleiben, daß sich die kaiserliche Affäre auch auf das Burgtheater auswirkte. Schließlich war die Hauptdarstellerin der Romanze Ensemble-Mitglied der großen Wiener Bühne. Das hatte Folgen. Da sich Katharina Schratt des unbegrenzten Wohlwollens ihres Gönners sicher war, beanspruchte sie die interessantesten Rollen. Doch bei größeren künstlerischen Herausforderungen war sie nach allgemeiner Einschätzung ihrer Kollegen eine Enttäuschung. Katharina Schratt galt zwar als begabte Komödiantin, die sich in Lustspielen zu profilieren verstand, doch das Zeug zur großen Tragödin hatte sie wohl nicht. Wiederholt kam es wegen Besetzungsproblemen zu größeren Krächen. Schwierigkeiten gab es auch wegen der oft überzogenen Urlaubsforderungen der ungeliebten Kollegin, die nicht selten den Spielplan durcheinanderbrachten. Obrigkeitshörige Direktoren nahmen die Mißlichkeiten in Kauf – aus Angst vor dem kaiserlichen Hof.

Zum Eklat kam es aber, als sich Paul Schlenther auf den Chefsessel des Burgtheaters setzte. Er wollte die Privilegien der Schratt nicht länger dulden und griff durch, ohne Rücksicht auf die Hofkanzlei zu nehmen. Katharina Schratt reagierte beleidigt, fühlte sich verletzt und drohte schriftlich mit Kündigung, natürlich in der festen Hoffnung, daß es niemand wagen würde, den angekündigten Rücktritt anzunehmen. Doch die energische Künstlerin irrte sich. Direktor Schlenther nahm die Kündigung sehr wohl an und reichte sie mit entsprechenden Anmerkungen an den Kaiser weiter. Das war ein geschickter Schachzug, denn Franz Joseph hätte einen Skandal riskiert, wenn er sich auch nur des geringsten Verdachts der Einmischung ausgesetzt hätte. Mannhaft bewilligte er die

Demission der Burgschauspielerin, was naturgemäß zu wochenlangen privaten Spannungen führte.

Doch Sissi, die auch jetzt wieder um den Fortbestand der Freundschaft ihres Mannes besorgt war, betätigte sich als Vermittlerin, und zwar erfolgreich. Franz Joseph schickte wieder Schmuck, zahlte die neuesten Spielschulden und bereinigte so die Angelegenheit zur vollsten Zufriedenheit aller Beteiligter. Ab sofort hatte Katharina Schratt noch mehr Zeit für ihren kaiserlichen Freund. Freilich, ganz ohne Folgen blieb das konsequente Verhalten von Direktor Paul Schlenther nicht. Der Kaiser machte keinen Gebrauch mehr von seiner Loge im Burgtheater. Aber die auch damals schon weltbekannte Bühne überlebte diesen Schicksalsschlag ohne künstlerische Einbußen.

Während der kurzen Zeitspanne, in der sich Katharina Schratt in den Schmollwinkel zurückgezogen hatte, erlaubte sich eine Wiener Zeitung einen an Majestätsbeleidigung grenzenden Scherz. Das Blatt veröffentlichte eine Annonce, die auf die enge Beziehung Franz Josephs zu Katharina Schratt anspielte und folgenden Wortlaut hatte: »Kathi kehre zurück – alles geordnet – zu Deinem unglücklich verlassenen Franzl.« Das Gelächter in Wien war groß, der Kaiser aber klug genug, auf diesen satirischen Beitrag nicht zu reagieren.

Nach Sissis Tod bestand die Freundschaft der beiden weiter. Franz Josephs Verwandte bemühten sich inzwischen sogar schon darum, das späte stille Glück des Kaisers zu sichern. In Wien begannen schon Gerüchte zu

*Elisabeth als 54jährige:
Das Foto zeigt sie zusammen mit ihrer ungarischen Vorleserin
Ida Ferenczy, der engsten Vertrauten
der Kaiserin.*

kursieren, die wissen wollten, daß der Monarch die Schauspielerin heimlich geheiratet hätte. Doch Beweise für eine morganatische Ehe Franz Josephs wurden nie erbracht.

Fest steht aber, daß die Schauspielerin ihren kaiserlichen Freund ihr Leben lang verehrte. Bis zu ihrem Tod im Jahr 1940 besuchte sie regelmäßig die Kapuzinergruft, um am Grab Franz Josephs frische Rosen niederzulegen.

Die große Kaiserin

Elisabeth, die bemerkenswerte, exzentrische und bewunderte Frau, die sich zwar gezwungenermaßen aus den Regierungsgeschäften heraushielt, aber dennoch alle politischen und geistigen Strömungen ihrer Zeit aufmerksam verfolgte – Elisabeth mußte es sich gefallen lassen, daß sie immer an zwei Frauen gemessen wurde, die als besonders starke Persönlichkeiten galten.

Das war einmal ihre Schwiegermutter, die Erzherzogin Sophie. Und das war zum anderen Maria Theresia. Die große Kaiserin war zwar schon mehr als sieben Jahrzehnte tot, als Sissi in die österreichische Hauptstadt kam, aber die starke Ausstrahlungskraft dieser Monarchin wirkte noch bis tief ins 19. Jahrhundert hinein nach. Seit ihrem Tod im Jahre 1780 standen alle weiblichen Habsburger im Schatten Maria Theresias – und wurden danach beurteilt, wie sie bei einem Vergleich mit ihr abschnitten.

Maria Theresia, die am 13. Mai 1717 geboren wurde, war die letzte echte Habsburgerin, die eine Krone trug. Da ihr Vater Kaiser Karl VI. keine männlichen Thronerben hinterließ, folgte ihm seine Tochter auf dem österreichischen Thron. Das war im Jahr 1740. Ihre vielen Kinder, die sie zur Welt brachte, waren streng genommen keine Habsburger mehr, sondern Lothringer. Denn Maria Theresia war mit Herzog Franz Stephan aus Nancy verheiratet. Seither nannte sich das Wiener Herrschergeschlecht offiziell Habsburg-Lothringen.

Ähnlich wie bei Sissi wurde auch bei Maria Theresia die Heirat von den Angehörigen der Dynastie vorbereitet,

Fluchtpunkt der österreichischen Kaiserin: im von ihr gebauten Schloß Achilleion auf der Insel Korfu suchte sie Trost.

eingefädelt und beschlossen. Was in Fürstenehen damals aber eher die Ausnahme war, trat in diesem Fall überraschenderweise ein. Maria Theresia verliebte sich in ihren Mann, so wie sich Sissi in Franz Joseph verliebte. Maria Theresia sprach am Ende ihres Lebens sogar von der glücklichsten Ehe, die sie sich denken konnte. Bei Sissi verlief allerdings alles anders. Von Liebe zu ihrem Ehemann konnte am Ende ihrer Beziehung zu Franz Joseph keine Rede mehr sein. Entfremdung und Enttäuschung trieben Elisabeth in die Einsamkeit.

Maria Theresia war gerade vier Jahre alt, als sie mit dem dreizehnjährigen Franz Stephan von Lothringen in Abwesenheit verlobt wurde. Beide kannten sich überhaupt nicht. Aber selbst wenn, es hätte an der Sache nichts geändert. Die Verbindung, die an Kabinettstischen beschlossen worden war, galt schließlich als eine reine politische Angelegenheit. Über Kinder, vor allem aus regierenden Häusern, wurde verfügt wie über Schachfiguren am Spieltisch. Die Hauptsache war, daß die dynastischen Kombinationen stimmten.

Der lothringische Franz, der mit seiner Kinderbraut über viele Ecken auch verwandt war, zeigte sich als junger Mann von der ihm diktierten späteren Heirat zunächst einmal alles andere als begeistert. Denn an die Hochzeit war eine wichtige Bedingung geknüpft: Franz sollte auf alle Erbansprüche auf sein geliebtes Lothringen verzichten und statt dessen Herzog der Toscana werden. Und das war nun einmal ein Land, das ihm nicht das geringste sagte.

Im Säulengang des Achilleion fühlte
sich Sissi den Helden der Antike besonders nah.
Hier versuchte sie mit den Problemen ihrer unglücklichen Ehe
fertig zu werden.

Der Widerstand gegen eine politisch zweckmäßige Ehe wurde in damaligen Zeiten allerdings rasch gebrochen. Persönliche Abneigungen gegen unerwünschte Allianzen im Ehebett waren im 18. Jahrhundert überhaupt kein Thema. Über derlei lächerliche Vorbehalte ging man rasch hinweg und schnell zur Tagesordnung über. So auch in diesem Fall. Zugeständnisse an individuelle Wünsche und Regungen, die Sissi von ihrer Umgebung erwartete, waren im Zeitalter Maria Theresias unbekannt.

Franz Stephan erwies sich schließlich doch als kein Spielverderber. Die Toscana und die junge Erzherzogin aus Wien – oder gar nichts. So klar war der Entscheidungsrahmen abgesteckt. Der junge Lothringer entschloß sich für den ersten Teil der Alternative und erwies sich somit als Realist.

Bei näherem Hinsehen stellte sich heraus, daß er gut daran getan hatte. Denn die inzwischen neunzehnjährige Habsburgerin war eine attraktive junge Frau mit einem außerordentlich hübschen Gesicht und wundervollen Haaren geworden. Franz Stephan konnte zufrieden sein, zumal ihm als Morgengabe eine gewisse Verfügungsgewalt über das riesige habsburgische Imperium und die deutsche Kaiserkrone in Aussicht gestellt wurden.

Die Dinge entwickelten sich für Franz Stephan in Wien rasch sehr günstig. Der amtierende Kaiser Karl VI., der Vater seiner jungen Frau, starb 1740 ziemlich überraschend im Alter von 55 Jahren an einem Leberleiden. Als Dreiundzwanzigjährige folgte ihm Maria Theresia auf dem Wiener Thron nach.

Karl VI. hatte vorgesorgt. Im Jahre 1713 hatte er nämlich die ›Pragmatische Sanktion‹ erlassen, die von einer ganzen Reihe europäischer Fürstenhäuser akzeptiert worden war. Dieses so spröde betitelte Aktenstück legte fest, daß die vielen Länder des Hauses Habsburg nach dem Tod des jeweils regierenden Fürsten unter den Erben nicht aufgeteilt werden dürfen, sondern als Einheit erhalten bleiben müssen. Um das zu garantieren, wurde die weibliche Erbfolge festgeschrieben – falls kein männlicher Nachkomme zur Verfügung stand. Im Falle Maria Theresias gab es keinen Mann, der ihr die Regentschaft hätte streitig machen können.

Alle waren es zufrieden, daß sie 1740 die Krone übernahm und 40 Jahre lang die Geschicke Österreichs steuerte. Sie verstand es in bemerkenswerter Weise, ihre Rolle als Ehefrau und als Regierungschefin souverän miteinander zu verbinden. Die Herausforderungen der Monarchie machten Maria Theresia nicht lethargisch und trieben sie auch nicht in die Frustration, sondern mobilisierten alle ihre Energien.

In der Ehe suchte und fand sie offensichtlich die Kraft, die sie zur Bewältigung der vielen Aufgaben brauchte, die ihr das Schicksal zugedacht hatte. Und das forderte sie heraus.

Während Maria Theresia, die in tiefer Liebe an ihrem Franz hing, 16 Kinder zur Welt brachte, war sie gezwungen, zwei mörderische Kriege zu führen. Im österreichischen Erbfolgekrieg, der 1740 begann und sich acht Jahre lang hinzog, kämpfte sie gegen die Bourbonen, die ihr die alten habsburgischen Machtansprüche auf Spanien und das Königreich Neapel-Sizilien streitig machten. Im Siebenjährigen Krieg (1756 bis 1763) stritt sie mit ihrem großen Widersacher Friedrich dem Großen um Schlesien, das Preußen für sich beanspruchte – und schließlich auch zu großen Teilen erhielt.

Ihr Mut, ihre Disziplin, ihre Führungsstärke und ihr menschliches Format nötigten selbst dem harten und immer spöttischen König in Berlin Respekt ab. Der preußische Gesandte Heinrich Graf Podewils charakterisierte Maria Theresia in einem Bericht an seinen Dienstherrn einmal so: »Sie beobachtet sich selbst und zeigt sich nur von ihren guten Seiten; herablassend, fromm, freigiebig, leutselig, mildtätig, mutig und großherzig, so erscheint sie der Welt.« Das war mehr als das Kompliment eines Diplomaten, der sich ansonsten zu den Habsburgern nicht besonders hingezogen fühlte.

Herablassend – das konnte auch Sissi sein. Doch leutselig oder gar mutig – das war die schönste Kaiserin des 19. Jahrhunderts zweifellos nicht. Sissi blieb gegenüber ihrer Umwelt auf Distanz und war viel zu scheu, um auf Menschen zuzugehen. Und Mut entwickelte sie nur beim Pferdesport, nicht aber bei der Konfrontation mit jenen Realitäten, die ihren Lebensraum bestimmten.

Sissi war wie gelähmt, als sie von den Seitensprüngen ihres Mannes erfuhr. Sie zog sich verzweifelt zurück, suchte Trost in einer Phantasiewelt und bei den vielen Fluchten, die ihre Reisen nach Madeira, Korfu oder Ungarn in Wahrheit waren. Maria Theresia, die mindestens

Unglückliche Verlobung:
der bayerische König Ludwig II.
und seine Braut Prinzessin Sophie.
Sie war die jüngere Schwester Sissis.

ebenso stark unter den Eskapaden ihres Mannes litt, beschritt einen ganz anderen Weg. Sie versuchte Franz Stephan durch ihre Liebe noch mehr an sich zu binden.

Wobei der sinnenfrohe Lothringer seiner kaiserlichen Ehefrau viel Anlaß zum Ärger gab. Heiße Affären wurden ihm mit den Gräfinnen Pallfy und Colleredo nachgesagt. Unter seiner Liaison mit der Fürstin Auersperg litt Maria Theresia besonders stark. Dabei war Franz Stephan rein äußerlich das pure Gegenteil eines erotischen Vulkans oder eines feschen Wiener Draufgängers. Der Preuße Graf Podewils beschreibt ihn so: »Der Kaiser ist von voller Taille, eher unter als über dem Mittelmaße. Er hängt den Kopf sehr nach vorne, was bewirkt hat, daß er etwas gebückt worden ist. Sonst ist er gerade und ziemlich wohl gewachsen. Haltung und Gang sind etwas nachlässig, und er wendet keine Aufmerksamkeit drauf. Seine Manieren sind mehr als ungezwungen. Er hat fast zu wenig Würde für den Rang, den er auszufüllen hat.« Das klingt böse und ist auch genau so gemeint.

Maria Theresia rächte sich an der freizügigen Lebensweise ihres Mannes auf ihre Art. Sie ließ alle Wiener Gasthäuser und geselligen Etablissements von einer strengen Keuschheitskommission überwachen, verbot Frauen den Beruf der Kellnerin und verfolgte alle ›Hübschlerinnen‹, worunter sie Prostituierte verstand, gnadenlos. Mädchen, die von der Sittenpolizei aufgegriffen wurden, kamen entweder in die gefürchteten Spinnhäuser oder wurden gleich per Schiff in die Balkanländer deportiert.

Überlebte seine Frau um 18 Jahre:
Kaiser Franz Joseph als alter Mann an seinem
Schreibtisch in der Wiener Hofburg.

Auch wenn er gelegentlich über die Stränge schlug, so entpuppte sich Franz Stephan doch rasch als Finanzgenie, machte sich schon dadurch unentbehrlich und wurde zum Segen für die Staatskasse. Seine Geschäftstüchtigkeit war legendär. Er verdiente selbst an Friedrich dem Großen, dem Erzfeind des Hauses Habsburg. Während des Siebenjährigen Krieges verkaufte der Wiener Kaiser Proviant, Uniformen und technisches Gerät an die preußische Armee. Von einem Handelsembargo gegen den militärischen Herausforderer Österreichs hielt er überhaupt nichts. Zusammen mit Maria Theresia hatte er auch den glänzenden Einfall, daß sich mit der Eitelkeit der Untertanen viel Geld machen läßt. Anläßlich der Geburt des Erzherzogs Ferdinand verkaufte das Kaiserhaus

Titel und Orden im Wert von insgesamt 400000 Gulden. Allein der Titel Feldmarschall kostete 2000 Gulden. Wer sich Exzellenz nennen wollte, war mit 6000 Gulden dabei. Solche Geschäfte hatten damals keinen anrüchigen Beigeschmack, sie galten durchaus als normal.

Als Maria Theresia 1780 starb, hinterließ sie ein geordnetes Reich, hatte Verwaltung, Heer und Steuersystem neu organisiert, die Finanzen stabilisiert und Europas Fürsten zu engen Verwandten der Habsburger gemacht. Die vielen Schwiegertöchter und Schwiegersöhne der Kaiserin rückten die Länder Europas enger zusammen. Das Heiratsstiften gehörte zu den Lieblingsbeschäftigungen der Kaiserin, es lag ihr mehr als das Kriegführen.

Die starke Frau, die in Wien ihren Mann stellte, wurde 67 Jahre alt. 17 Jahre lang trug sie den Witwenschleier. Rein äußerlich war sie in der zweiten Hälfte ihres Lebens das absolute Gegenteil der schlanken, auch im Alter noch schönen Sissi. Maria Theresia war zur fülligen Matrone geworden. Ihr schwerer Körper machte es ihr unmöglich, noch Treppen zu steigen. Sie ließ deshalb, wo immer es ging, Fahrstühle einbauen, selbst in der Kapuzinergruft, wo das Grab ihres geliebten Franzl lag, das sie bis zu ihrem Tod regelmäßig besuchte.

Der österreichische Schriftsteller Hugo von Hofmannsthal beschrieb die große Kaiserin einmal so: »Ihr Charakter als Frau geht in der vollkommensten Weise in den der Regentin über. Sie war eine große Herrscherin, indem sie eine unvergleichliche, gute und naiv großartige Frau war.«

*Das letzte Foto Sissis:
Es entstand am Tag des Attentats in Genf.
Elisabeth (links) unternimmt einen Spaziergang
mit ihrer Hofdame.*

Maria Theresia hat das Haus Habsburg neu geprägt, schon allein durch ihre große Nachkommenschaft. Als der schwedische Graf Wrangel bei seinen genealogischen Studien über Europas Fürstenhäuser 1899 Bilanz zog, kam er auf 29 männliche und 44 weibliche direkte Nachfahren der Kaiserin. Doch es war nicht nur ihre Fruchtbarkeit, die sie auch späteren Generationen so wichtig erscheinen ließ. Es war vor allem die Nachwirkung einer klugen, vitalen und kraftvollen Frau, die es verstanden hatte, ihr Leben mit all seinen komplizierten Verpflichtungen und Katastrophen erfolgreich in die Hand zu nehmen – und dabei nicht verzweifelte. In allem das Gegenteil Sissis.

Doch es sind nicht nur die grundverschiedenen Charakterzüge, die Sissi und Maria Theresia voneinander trennen. Die große Kaiserin war eine Frau des 18. Jahrhunderts, Elisabeth wurde in eine völlig veränderte Welt hineingeboren. Das beginnende bürgerliche Zeitalter des 19. Jahrhunderts entwarf ein ganz neues Menschenbild. Die persönliche Freiheit, das Recht auf die Entfaltung einer eigenständigen Persönlichkeit waren die neuen Leitlinien, die mit der alten feudalistischen Ordnung nicht mehr in Einklang zu bringen waren. Sissi war ein Kind dieses aufgeklärten Zeitalters, das das strenge Korsett der monarchischen Strukturen und ihrer Wertevorstellung zu sprengen begann. Sissi und Maria Theresia verkörpern zwei Jahrhunderte, die nichts mehr miteinander zu tun haben. Auch Erzherzogin Sophie war noch ganz vom Geist der alten Epoche geprägt, obwohl sie später lebte. Die Mutter Franz Josephs repräsentierte auch noch nach der europäischen Revolution des Jahres 1848 das Zeitalter Maria Theresias. Die Spannungen zwischen Sophie und ihrer Schwiegertochter lagen nicht nur in der gegenseitigen persönlichen Abneigung begründet, sie sind Ausdruck eines großen Generationskonflikts.

Sissis persönliche Tragik bestand im Grunde darin, daß sie diesen Konflikt für sich persönlich nicht lösen konnte. Sie war emotional und intellektuell eine moderne Frau, die den Aufstand gegen eine verkrustete Gesellschaftsordnung wollte – doch bei diesem Versuch selbst scheiterte, zerrieben im Kampf gegen die am Wiener Hof noch immer verbindlichen Normen eines überalterten Wertesystems, das sie nicht zu akzeptieren vermochte.

Hätte sich Elisabeth aus diesem zermürbenden Desaster retten können? Wenn ja, dann vermutlich nur durch einen radikalen Bruch mit ihrer Umgebung. Doch an eine Trennung von Franz Joseph war nicht zu denken. Einen derartigen Schritt verboten die Habsburger Hausgesetze, an die sich Elisabeth trotz allen Unbehagens noch immer gebunden fühlte. In dieser verzweifelten Lage entschloß sich die Frau des österreichischen Kaisers für das innere Exil, in das sie sich enttäuscht zurückzog.

Die Reise in den Tod

Viel wurde darüber gerätselt, ob Sissis Hang zur Schwermut ein Erbteil ihrer Familie war. Bei den Wittelsbachern gab es schließlich viele Beispiele psychischer Verwirrung. Die Spekulationen fanden neue Nahrung, als die Wiener Kaiserin ihre enge Seelenverwandtschaft mit dem bayerischen König Ludwig II. entdeckte. Immerhin stand der als schwierig geltende Monarch in dem Ruf, ein verstörter Sonderling zu sein, eine Art Schöngeist, der allen Kontakt zur Realität verloren hatte. Ludwig II. zog sich deshalb am liebsten in seine mystische Phantasiewelt zurück, deren Kulissen er sich in Form von Märchenschlössern baute.

Die Umgebung Elisabeths glaubte, da gewisse Ähnlichkeiten zu entdecken. Der um acht Jahre jüngere Neffe der Kaiserin wurde schließlich entmachtet und starb einen mysteriösen, bis heute nicht aufgeklärten Tod im Starnberger See. Sein Bruder Otto siechte jahrzehntelang in geistiger Umnachtung vor sich hin.

Sissi und Ludwig kannten sich schon als Kinder, doch die Kontakte waren nicht eng, Begegnungen fanden nur selten statt. Sissi war knapp 17 Jahre alt, als sie München verließ, um in Wien zu heiraten. Ludwig, der Sohn des damals regierenden bayerischen Königs Maximilian II., war erst neun. Der Prinz gehörte dem regierenden Haus der Wittelsbacher an, Sissis Vater war nur Herzog in Bayern. Die Beziehungen zwischen den beiden Familien galten nicht gerade als besonders herzlich.

Zum ersten wichtigen Treffen zwischen Ludwig und Sissi kam es 1864 in Bad Kissingen, wohin sich die öster-

Das Attentat:
der italienische Anarchist Luigi Lucheni ersticht Sissi an der Genfer Uferpromenade. Die Mordszene wurde von einem zeitgenössischen Zeichner festgehalten.

reichische Kaiserin zu einer Kur zurückgezogen hatte. Ludwig war von seiner Verwandten so beeindruckt, daß er ab sofort deren Nähe suchte. Wie Sissi haßte er alles, was nach höfischen Zwängen roch. Der junge Wittelsbacher empfand sich als Opfer eines geistlosen Zeremoniells, das sich die Dynastien zugelegt hatten, um ihr aristokratisches Elitebewußtsein zur Schau zu stellen. Das Leben am Hof war für Ludwig wie für Sissi ein qualvolles Dahinvegetieren in einer erstarrten Welt, die einem Kerker glich.

Andererseits waren sich beide in der Ablehnung des nüchternen politischen Alltagsgeschäfts einig. Ludwig und Sissi kultivierten desto lieber ihr Bewußtsein, außergewöhnlich zu sein. Beide empfanden sich als Märchengestalten, die sich danach sehnten, der dumpfen grauen Wirklichkeit zu entfliehen, umhüllt von einer Aura des Rätselhaften und Entrückten, die sie ihrer Umwelt unnahbar erscheinen ließ.

So viel Übereinstimmung verbindet, zumal es noch andere Berührungspunkte gab. König Ludwig II. liebte ebenso wie Sissi die Einsamkeit, unternahm stundenlange Ritte durch seine bayerischen Berge und fühlte sich am wohlsten, wenn er mit sich allein war.

Natürlich wurde viel darüber spekuliert, welcher Art die Beziehungen zwischen der schönen Kaiserin und dem schönen König sein könnten. Sie waren gewiß nicht sexueller Natur. Ludwig, eher zur Homosexualität neigend, sah in Sissi die schöne Seele, zu der er sich immer wieder hingezogen fühlte. Elisabeth bekannte sich zu dieser Verbindung und bezeichnete sie als »herzliche, aufrichtige Freundschaft«.

Dem Märchenkönig gefiel es, Sissi in romantischem Überschwang in das Szenario seiner Wagnerischen Opernwelt zu versetzen. Er nannte sie Elsa, weil sie für seinen Geschmack so ganz in die von ihm geliebte mittelalterliche Welt des sagenumwobenen Schwanenritters Lohengrin paßte.

Briefe voller Leidenschaft gingen zwischen München und Wien hin und her. Wenn die Kaiserin ihre Eltern und Geschwister in Possenhofen besuchte, kam Ludwig häufig vorbei. Stundenlang und meist schweigend genoß er den Gleichklang der Seelen.

Dennoch kam es einmal zu einer größeren Verstimmung, ausgelöst durch die unglückliche Verlobung des Königs mit Sissis jüngerer Schwester Sophie. Der Monarch zierte sich nämlich unschicklich lange, einen Hochzeitstermin zu nennen. Herzog Max wollte nicht länger im Ungewissen bleiben und drang auf eine Entscheidung. Ludwig entschied sich, aber nicht für Sophie. Der Märchenkönig löste die Verlobung und fühlte sich danach so erleichtert, daß er eine Portraitbüste seiner verflossenen Braut aus dem Fenster warf.

Die österreichische Kaiserin, die Ludwigs Verhalten als Demütigung ihrer Schwester empfand, zeigte sich zunächst einmal stark verstört und gekränkt. Doch die heftige Verstimmung legte sich bald wieder, denn im Grunde konnte Sissi des Königs Unabhängigkeitsdrang nur allzu gut verstehen, litt sie doch selbst unter starken Bindungsängsten.

Daß sich der Gemütszustand des bayerischen Monarchen zusehends verfinsterte, daß er sich gegen Ende seines Lebens nur noch auf einem schmalen Grat zwischen Wahn und Wirklichkeit bewegte – für Sissi war das nichts Außergewöhnliches. Wo beginnt Geisteskrankheit, was ist eigentlich normal? Mit diesen Fragen beschäftigte sich Elisabeth schon längere Zeit. Sie besuchte regelmäßig psychiatrische Kliniken, beschäftigte sich mit den Patienten, unterhielt sich mit Ärzten. Gegenüber ihrem griechischen Vorleser Christomanos dozierte sie einmal: »Haben Sie nicht bemerkt, daß bei Shakespeare die Wahnsinnigen die einzigen Verständigen sind. So weiß man auch im Leben nicht, wo die Vernunft und wo der Wahnsinn sich findet, sowie man auch nicht weiß, ob die Realität der Traum oder der Traum die Wirklichkeit ist. Ich neige dazu, jene Menschen für vernünftig zu halten, die man wahnsinnig nennt. Die eigentliche Vernunft hält man für gefährliche Verrücktheit.«

Als Ludwig im Jahre 1886 tot aus dem Starnberger See geborgen wurde, stand Bayern vor einem Rätsel. War es Mord? War es Selbstmord? War es ein Unglücksfall? Fest steht bis heute nur eines – der Monarch war in seinen letzten Lebensjahren kaum mehr ansprechbar. Er hatte die Flucht ergriffen, die Flucht vor einer Wirklichkeit, die er weder akzeptieren noch ertragen konnte. Diese Flucht endete im Tod.

Von düsteren Todesgedanken waren auch Sissis letzte Lebensjahre umschattet. Das Sterben des bayerischen Freundes hatte sie in noch stärkere Depressionen getrieben. Einen ›wirren Blick, Trübsinn und einen aufgeregten Eindruck‹ stellten die Kammerfrauen fest. Die Kaiserin suchte Trost in der Poesie und bei spiritistischen Sitzungen, die damals groß in Mode waren, um einen übersinnlichen Kontakt zum toten Ludwig herzustellen. Sissi, die sich für Musik nie sonderlich interessierte, reiste sogar einmal nach Bayreuth, um dem toten Ludwig möglichst nahe zu sein. Denn seine Welt war die Welt Richard Wagners. Sissi hörte sich den ›Parsifal‹ an, unterhielt sich ausführlich mit Cosima, verspürte aber anschließend kein Verlangen mehr, die Wallstatt Wagners noch einmal aufzusuchen. Die Oper sagte ihr nichts.

Die Mordwaffe:
Mit dieser dreikantigen Feile brachte
der Anarchist Luigi Lucheni die österreichische Kaiserin um.
Lucheni wurde zu lebenslanger Haft verurteilt.

Le soussigné, Greffier de la Cour de Justice Criminelle de Genève atteste, par les présentes, que l'arme ci-annexée est celle dont s'est servi Lucheni Luigi, assassin de S.M. l'Impératrice d'Autriche, pour commettre son crime.

Genève 10 Novembre 1898.

Die letzten Lebensjahre der Kaiserin kannten keinen Ruhepunkt mehr, keinen Ort, an dem sie längere Zeit Schutz vor der Welt und vor sich selbst gefunden hätte. Sissi, die Getriebene, die Zerrissene, reiste von Stadt zu Stadt, von Land zu Land. Immer auf der Suche nach sich selbst und immer auf der Flucht vor sich selbst. Auf Korfu, ihrer Sehnsuchtsinsel, versuchte sie noch ein letztes Mal Fuß zu fassen. Mit großem Finanzaufwand ließ sie sich trotz aller Bedenken Franz Josephs eine eigene Villa errichten. Der exzentrische Bau, der nach ihren Vorstellungen in einem antikisierenden Stil gestaltet wurde, galt rasch als steingewordene Phantasterei einer verstörten Frau. Die Möbel wurden für viel Geld bei italienischen Handwerkern in Auftrag gegeben. Sie mußten sich an dem Mobiliar der alten Häuser von Pompeji orientieren. Die Villa erhielt den Namen ›Achilleion‹, denn Sissi verehrte den antiken Helden Achill ganz besonders.

Doch kaum war das Gebäude fertig, wurde Elisabeth schon wieder von neuer Unruhe getrieben. Auf Korfu fühlte sie sich auf einmal nicht mehr wohl, empfand das ›Achilleion‹ als große Belastung und bot es zum Verkauf an. Dieses Ansinnen stellte Franz Joseph vor eine neue schwere Belastungsprobe. Hatte er schon Schwierigkeiten genug damit, das seltsame Bauwerk überhaupt akzeptieren zu können, so verstand er noch weniger, daß die sündhaft teure Villa so schnell wieder verkauft werden sollte, zumal der Kaiser völlig zu Recht mutmaßte, daß sich für das Objekt so schnell kein Käufer finden würde. Diesmal setzte sich Franz Joseph durch. Das ›Achilleion‹ blieb bis auf weiteres im Besitz der Habsburger. Nur das gesamte Mobiliar wurde nach Sissis Anweisungen abtransportiert und auf verschiedene Schlösser, die zum Familienbesitz gehörten, verteilt. Dort fand sich genügend Platz für die pompejianischen Kuriositäten.

Der Kaiser fürchtete natürlich auch die öffentliche Kritik, wenn er einem Verkauf des monströsen Bauwerks zugestimmt hätte. In einem unmißverständlichen Brief machte er seiner Frau klar: »Es wird sich doch ganz sonderbar machen und zu keinen angenehmen Bemerkungen Anlaß geben, wenn Du gleich, nachdem Du die Villa

Stolz auf seine Tat:
Der Anarchist Luigi Lucheni wird
unmittelbar nach dem Verbrechen von Polizeibeamten
abgeführt.

mit so vieler Mühe, mit so vieler Sorgfalt und mit so vielen Kosten gebaut, so Vieles hintransportiert, nachdem noch in allerletzter Zeit ein Terrain dazu gekauft wurde, plötzlich den Besitz losschlagen willst. Vergesse nicht, wie von allen Seiten alles mitwirkte, um Dir angenehm zu sein und Dir Freude zu machen und nun war alles Umsonst.« Die Geduld Franz Josephs war jedenfalls am Ende.

Sissi zog ihre Konsequenzen daraus. Sie verzichtete künftig auf eigene oder angemietete Villen, wenn sie voller Unrast durch Europa reiste. Die inzwischen fast Sechzigjährige stieg nur noch in Hotels ab. Die Briefe ließ sie sich postlagernd nachschicken. Für Sissis Begleitung wurde diese neue Form der Mobilität zur Tortur, denn es gab unentwegt Ärger. Entweder waren die Hotels längst ausgebucht, wenn die Kaiserin abzusteigen geruhte, oder es fehlte an standesgemäßem Komfort. In der Zeit des ständigen Kofferpackens reiste Elisabeth unter häufig wechselnden Pseudonymen, was naturgemäß die Postzustellung nicht gerade erleichterte. Aber die österreichische Kaiserin wollte auf ihren Reisen nun einmal unerkannt bleiben. Ihr alterndes Gesicht bekam kaum mehr jemand zu sehen. Elisabeth verbarg sich hinter Schleiern und Fächern.

Ihre Schönheit, der sie immer lebte, war dahin. Das drückte natürlich auf ihre Stimmung. Dazu kamen ernsthafte Gebrechen. Die extremen Fastenkuren hatten inzwischen Hungerödeme ausgelöst, die ihre Beine entstellten. Das Gehen fiel der Kaiserin immer schwerer. Stundenlange Gewaltmärsche, die sie so liebte, waren nicht mehr möglich. Das höchste der Gefühle blieben kleine Promenaden. Der Arzt, der die undankbare Aufgabe hatte, Sissi in ihren späten Jahren zu betreuen, verfluchte unter Anspielung auf die Hungerkuren der Kaiserin die Erfindung der Waage. Denn der exzessive Schlankheitswahn hatte die Gesundheit der Monarchin zerstört.

Sissi fühlte sich nicht nur körperlich am Ende, als sie im Sommer 1898 für zwei Wochen nach Ischl reiste, um den Kaiser bei der Sommerfrische zu besuchen. Sie war auch am Ende ihrer seelischen Kräfte. Eigentlich wußte niemand mehr, wie ihr zu helfen gewesen wäre. An diesem Tiefpunkt angelangt, entschloß sie sich zur nächsten Reise – es wurde ihre letzte.

Sie führte die Kaiserin von Österreich an den Genfer See. »Es ist mein liebster Aufenthalt, weil ich da ganz verloren gehe unter den Kosmopoliten, das gibt eine Illusion von dem wahren Zustand der Wesen«, beschrieb sie einmal dessen reizvolle Atmosphäre. Das klang schon fast wie die Einleitung zu einem selbstverfaßten Nachruf.

Als Aufenthaltsort wählte Sissi Montreux, wo sie zusammen mit Franz Joseph gelegentlich zu kurzen Ferienaufenthalten weilte. Von dort aus besuchte sie am 9. September 1898 Baronin Julie Rothschild, um sich für die finanzielle Unterstützung zu bedanken, die das Bankhaus ihrer Schwester Marie zukommen ließ, der im englischen Exil lebenden Ex-Königin von Neapel. Für den Abend hatte Elisabeth im Genfer Hotel ›Beau Rivage‹ Zimmer gemietet. Begleitet wurde sie von ihrer letzten Hofdame, der ungarischen Gräfin Sztaray. Sissi war wieder einmal mit einem Decknamen unterwegs, diesmal nannte sie sich Gräfin Hohenembs.

Die Flucht ins Pseudonym half freilich nichts. In Genf sprach sich rasch herum, welch prominenter Gast im Hotel ›Beau Rivage‹ abgestiegen war. Auch der italienische Anarchist Luigi Lucheni erfuhr davon.

·GRAND HOTEL BEAU

Die letzte Station:
In diesem Genfer Hotel war Sissi
kurz vor ihrer Ermordung
abgestiegen.

Als Elisabeth am frühen Nachmittag des 10. September das Hotel verließ, um das nächste Linienschiff nach Montreux zu nehmen, ging der Anarchist schweigend auf die Kaiserin zu, blickte ihr kurz ins Gesicht und stieß ihr eine dreikantige Feile mitten ins Herz. Sissi stürzte, richtete sich aber schnell wieder auf und ging raschen Schrittes an Bord des Dampfers. Als das Schiff abgelegt hatte, brach die Kaiserin zusammen. Aus Sesseln wurde eine Bahre gebaut. Alle Umstehenden waren der Meinung, es handle sich lediglich um ein plötzliches Unwohlsein. Doch als man die Kleidung der Ohnmächtigen öffnete, wurden die Spuren des gezielten Herzstichs entdeckt. Jede Rettung kam zu spät. Auf dem Weg zurück ins Hotel starb die Kaiserin von Österreich. Sie war 60 Jahre alt geworden.

Ihr Mörder wurde sofort verhaftet. Bei der ersten polizeilichen Vernehmung stellte sich heraus, daß Luigi Lucheni eigentlich in der Absicht nach Genf gereist war, den Herzog von Orleans zu töten, dessen Besuch für diesen Tag angesagt war. Doch der Herzog mied Genf, aus Angst vor einem Attentat. Da der italienische Anarchist seine Reise aber nicht erfolglos abbrechen wollte, suchte er sich ein anderes prominentes Opfer – die Kaiserin von Wien.

Luigi Lucheni wurde zu einer lebenslangen Haftstrafe verurteilt, er empfand seine Tat als einen triumphalen Sieg über das herrschende System. Zwölf Jahre nach seinem Mord suchte er allerdings selbst den Tod: Er erhängte sich in seiner Zelle.

Letzte Ruhe in der Kapuzinergruft:
Die Sarkophage von Elisabeth (links), Franz Joseph (Mitte) und Kronprinz Rudolf (rechts).

»Sie wissen nicht, wie ich diese Frau geliebt habe«, sagte Franz Joseph zu dem Kurier, der ihm die Todesnachricht überbrachte. Dann setzte sich der Kaiser an seinen Schreibtisch und verfaßte ein Manifest mit der Überschrift ›An meine Völker‹. Es begann mit den Worten: »Die schwerste, grausamste Prüfung hat Mich und Mein Haus heimgesucht. Meine Frau, die Zierde Meines Throns, die treue Gefährtin, die Mir in den schwersten Stunden Meines Lebens Trost und Stütze war – an der ich mehr verloren habe, als ich auszusprechen vermag, ist nicht mehr. Ein entsetzliches Verhängnis hat sie Mir und Meinen Völkern entrissen.«

Wien nimmt
Abschied von der Kaiserin:
Der Trauerzug am Tag von
Sissis Beisetzung.

Elisabeth wurde in der Kapuzinergruft beigesetzt, der Begräbnisstätte der bedeutendsten Habsburger. Sie hinterließ zur Überraschung ihrer Familie ein beträchtliches Vermögen von zehn Millionen Gulden, vorwiegend auf Schweizer Konten angelegt. Von Sissis Schmuck freilich war nichts mehr zu finden. Das kostbare Hochzeitsgeschmeide war ebenso weg wie die teure Perlenkette, die Franz Joseph seiner Frau zur Geburt des Thronfolgers geschenkt hatte. Auch all die anderen Juwelen, mit der der Kaiser seine Frau verwöhnt hatte, fanden sich nicht mehr im Nachlaß. Elisabeth hatte zu ihren Lebzeiten alles verschenkt.

Die Wiener weinten am Tag der Beisetzung, allerdings nicht um Sissi, die ihnen längst fremd geworden war. Ihr Mitleid galt dem Kaiser, den der schwerste Schicksalsschlag seines Lebens zum alten Mann machte. Franz Joseph überlebte seine Frau um 16 Jahre – er starb 1916, mitten im Ersten Weltkrieg. Das Ende dieses Kriegs war auch das Ende der Habsburger Monarchie.

Das Ende einer schönen Frau:
die Totenmaske Elisabeths.

Nachwort

Kaiserin Elisabeth war in ihren letzten Lebensjahren nicht populär. Die kühle Reaktion der Wiener Bevölkerung auf ihren tragischen Tod am Genfer See ist ein Beweis dafür. Für ihre Zeitgenossen war keine Landesmutter gestorben, die durch engagierten persönlichen Einsatz dem Wohl ihres Volkes gedient hatte. Österreich stand am Sarg einer Frau, der das Land wenig verdankte. Sie eroberte sich weder durch Mildtätigkeit noch durch souveräne menschliche Größe einen festen Platz in den Herzen ihrer Untertanen.

Dennoch blieb die Frau Franz Josephs unvergessen. Sie gehört nicht zu den Gestalten der Geschichte, über die sich der graue Schleier des Vergessens gebreitet hat. In dem Jahrhundert, das sie nicht mehr erlebte, begann die Zeit ihrer Verklärung. Heute gehört sie zu den bekanntesten Persönlichkeiten des Hauses Habsburg. Auch wenn sie die Geschichte Österreichs nicht nennenswert beeinflußt hat, auch wenn sie niemals bereit war, politische oder soziale Verantwortung zu übernehmen, so ging von dieser Frau doch eine Faszination aus, der sich nur wenige entziehen konnten. Das wirkt bis zum heutigen Tage nach.

Sissi lebt weiter in Filmen und Büchern, in Straßennamen und Hoteladressen, in Fotos und Gemälden, in Souvenirs und in der Fremdenverkehrswerbung, in Legenden und Klatschgeschichten. Sie wird unverdrossen vermarktet. Auch das gehört zur Geschichte der Kaiserin, die nie die Öffentlichkeit gesucht hat. Das Geheimnis dieser bemerkenswerten Frau liegt in ihrer Widersprüchlich-

Nachruhm auf der Bühne:
Eine Szene aus dem Singspiel ›Sissi‹
von Fritz Kreisler mit Toni Niessner als Franz Joseph
und Elfi König als Elisabeth.

keit. Das Rätselhafte, das sie umgab, beschäftigt die Phantasie der Nachwelt und bewirkt, daß sich Historiker, Schriftsteller und Filmemacher immer wieder mit ihr beschäftigen. Die Kaiserin war abweisend kühl und gleichzeitig zu großen Emotionen fähig.

Elisabeth lebte in einer Zeit des Umbruchs, und sie war sich dessen bewußt. Sie war eine der schönsten Frauen ihrer Zeit – und sie war sich auch dessen bewußt. Elisabeth wagte es, sich selbst zu verwirklichen, scheiterte letztlich aber daran. Sie strotzte vor Selbstbewußtsein und litt dennoch unter ständigen Ängsten. Die Kaiserin von Österreich war hochintelligent und zu vielem entschlossen. Doch den Entschlüssen folgten selten Taten. Die historische Sissi hat nur wenig mit der Figur zu tun, die in Filmen gezeichnet wird. Die Kolportage spart die Abgründe, die Widersprüchlichkeiten und auch die Tiefe dieser Frau aus. Das Original war zweifellos viel besser als die Kopie. Vielschichtig, facettenreich, attraktiv und unnahbar – diese Frau war zu kompliziert, um in ein schlichtes Drehbuch zu passen. Alles Süßliche blieb Sissi fremd, zu ihrer Ausstrahlung paßt kein billiges Parfüm.

Elisabeth brachte ihren Mann, ihre Kinder und sich selbst unaufhörlich in Schwierigkeiten. Sie führte ein Leben, das in Entwürfen stecken blieb. Doch diese Entwürfe faszinierten viele. Die Kaiserin von Österreich übte massiv Kritik an der Monarchie und hielt die Republik für die einzige Staatsform, die vielschichtigen Probleme einer veränderten Zeit zu lösen. Zu einer aktiven Auseinandersetzung mit den überkommenen politischen Struk-

Nachruhm im Film:
Eine Szene aus Ernst Marischkas ›Sissi, die junge Kaiserin‹ mit Romy Schneider in der Titelrolle.

turen ihres Landes konnte sich Sissi freilich nicht entschließen. Sie haßte den Feudalismus, genoß aber gleichzeitig seine Vorzüge; sie lehnte die Gesellschaft der Aristokraten ab, suchte aber auch keinen Kontakt zu den anderen Bevölkerungsschichten. Die Kaiserin floh in die selbst gewählte Einsamkeit und litt gleichzeitig darunter.

Als der anarchistische Mörder zum tödlichen Stich ausholte, wußte er nicht, daß er das Herz einer Frau durchbohrte, die schon lange zuvor mit ihrem Leben abgeschlossen hatte.

Anhang

Zeittafel

1837 Elisabeth wird am 24. Dezember als Tochter des Herzogs Maximilian in Bayern und seiner Frau Ludowika in München geboren.

1848 Franz Joseph besteigt den Thron Österreichs.

1853 Beginn des Krimkriegs, der bis 1856 dauert. Rußland verliert in Europa an Einfluß, Frankreichs Bedeutung wächst.

1853 Franz Joseph verlobt sich an seinem Geburtstag (18. August) mit Elisabeth in Ischl, der Sommerfrische der kaiserlichen Familie.

1854 Elisabeth reist mit ihrer Familie nach Wien zur Hochzeit mit Franz Joseph.

1855 Geburt des ersten Kindes. Es wird auf den Namen von Elisabeths Schwiegermutter getauft und heißt Sophie.

1856 Geburt von Gisela, der zweiten Tochter.

1858 Kronprinz Rudolf wird geboren, der Thronfolger des Hauses Habsburg.

1859 Österreich führt in Norditalien einen Krieg, um die Lombardei für das Kaiserreich zu retten. Franz Joseph muß eine vernichtende Niederlage erleiden.

1866 Österreich führt einen Krieg gegen Preußen. Am 3. Juli werden die Truppen Franz Josephs bei Königgrätz vernichtend geschlagen. Preußen wird die führende Macht auf dem deutschen Territorium, der Deutsche Bund hört auf zu existieren.

1866 Österreich gewinnt den italienischen Feldzug um Venetien, muß diese Region aber dennoch an das neu gegründete Königreich Italien abgeben.

1867 Franz Joseph und Elisabeth reisen nach Budapest zur Königskrönung. Österreich wird zur Doppelmonarchie.

1868 Elisabeth bringt ihre dritte Tochter zur Welt. Sie wird auf den Namen Valerie getauft.

1873 In Wien wird die Weltausstellung eröffnet. Die Welt ist in Österreichs Hauptstadt zu Gast.

1875 Ex-Kaiser Ferdinand I. stirbt. Franz Joseph wird zum Universal-Erben und ist nun im Besitz des großen Vermögens der Habsburger.

1886 König Ludwig II. von Bayern stirbt auf rätselhafte Weise im Starnberger See. Elisabeth fällt in tiefe Depressionen.

1889 Der österreichische Thronfolger Erzherzog Rudolf begeht auf Schloß Mayerling Selbstmord.

1898 Kaiserin Elisabeth fällt am 10. September in Genf einem Attentat zum Opfer.

1916 Mitten im Ersten Weltkrieg stirbt Kaiser Franz Joseph nach 68jähriger Regierungszeit in Wien. Er wurde 86 Jahre alt.

Literaturverzeichnis

Andics, Hellmut: *Ringstraßenwelt*, Wien 1983

Andics, Hellmut: *Die Frauen der Habsburger*, Wien 1985

Adalbert Prinz von Bayern: *Die Wittelsbacher. Geschichte unserer Familie*, München 1980

Hamann, Brigitte: *Die Habsburger. Ein biographisches Lexikon*, München 1988

Hamann, Brigitte: *Elisabeth*, München 1989

Hüttl, Ludwig: *Ludwig II. von Bayern*, München 1986

Janik, Alan und Toulmin Stephan: *Wittgensteins Wien*, München 1987

Hofmannsthal, Hugo von: *Ausgewählte Werke*, Frankfurt 1957

Polgar, Alfred: *Kleine Schriften*, Hamburg 1983

Sinhuber, Bartel F.: *Zu Gast im alten Wien*, München 1989

Schnitzler, Arthur: *Jugend in Wien*, Wien 1968

Wandruszka, Adam: *Das Haus Habsburg*, Wien 1989

Zweig, Stefan: *Die Welt von Gestern*, Frankfurt 1988

Bildnachweis

Archiv für Kunst und Geschichte, Berlin
Seite 7, 8, 25, 39, 41, 47, 49, 67, 75, 85, 89, 105, 107, 115, 117, 120/121, 123, 127, 137, 139, 143, 145, 149, 151, 157, 164/165, 168/169, 177, 179, 182/183, 191, 193, 203, 205, 207, 221, 227, 239, 241, 243, 245

Interfoto-Pressebild-Agentur, München
Seite 10, 13, 18, 27, 83, 91, 133, 140/141, 152/153, 160/161, 181, 229, 235, 236/237

Süddeutscher Verlag, Bilderdienst, München
Seite 11, 15, 51, 57, 61, 63, 65, 70, 73, 77, 93, 109, 111, 131, 175, 186, 197, 209, 213, 215, 217, 223, 232/233

Personenregister

Kursiv gedruckte Seitenzahlen beziehen sich auf Abbildungen